大学4年間で絶対やっておくべきこと

恋愛・学業・友人関係がうまくいく50のルール

田大学教授
森川友義

はじめに

この本は、悩み多き大学生のための本です。読んでもらいたい読者はまず、大学一年生（一回生）です[1]。大学二年生も一年過ぎてしまいましたが、たぶん大丈夫です。三年生は微妙なところ……、努力次第ではぎりぎりセーフですかね。四年生以上は、少し遅かったかもしれません。それでも、部分的には参考にできる箇所もあるでしょう。

本書の目的は、①人生で成功すること、②恋愛で成功すること、の2つです。

どちらも学校では教えてくれません。小学校、中学校、高校、大学と合計すると16年間も勉強するのですが、**最も肝心な「人生の生き方」と「恋愛の仕方」は学びません**。学ばないどころか、恋愛などは禁止している学校さえあります。それって、奇妙。大人の陰謀とさえ思えますね。校長先生や担任の先生が、自分の人生と恋愛を失敗したものだから、自分の生徒も同じように失敗させてやれ、とでも思っているかのようです。

もしこの本が、本当に人生と恋愛の成功に導くものだったら、すごいことです。そう、すごい本なのです。一読して実践する価値、十分にあり。とくにまだ**大学時代が始まったばかりで、可能性がたくさんあるときに読んでもらいたい**と願って、大学新入生のためにあえてポイントを絞って書きました。

大多数の大学生は、なんとなく人生を考えているだけ、卒業後のことなどは、遠い先のことだと思って、目先の享楽、快楽を追い求めています。人生に成功したいと思っても努力をしている学生はごく少数。そもそも「人生の成功って何?」「どんな努力をすればいいの?」と思っている人、大多数です。

また、素敵な恋愛をしたいと願ってはいても、実際には何もしないで、恋人が天から降ってくるのを待っているばかり……。あるいは恋愛はめんどくさいとか、どうせ自分はモテないとか、「したくても、出会いがない」とぶつぶつ不平を言って、恋愛をしないまま卒業する人も多いです。実にもったいないです。

青春時代は始まったばかり、人生と恋愛を謳歌《おうか》してほしいです。

ぜひ読者のみなさんには、**人生でも成功し、恋愛でも成功してほしいです。**

この本では、私の伝えたいことを3つのパートに分けて記しています。

PART 1は【人生編】「自分らしい生き方を徹底的に考える」と題して、みなさんの人生を考えてもらいます。もちろん人生は多様で、成功も人それぞれです。それでも、大学時代というのは人生でどういう時期なのか、歴史的に見るとどのように位置づけられるのか、それらを踏まえて何をどうやって成功に導くのかについて、解説します。

PART 2は【恋愛編】『「恋愛」について徹底的に考える』というテーマで、大学生ならではの恋愛問題を検討します。世間では、私は恋愛学者として知られていますので、大いに期待してください。「恋愛とは何か？」から始めて、男女の恋愛観の違い、大学生のモテについても解説します。

なお、本書ではおもに男女間の恋愛について論じていますが、恋愛のあり方は多様であり、それらを否定する意図はありません。

PART 3は【実践編】「人生にも恋愛にも使える普遍的実践ルール」です。大学新入生がいますぐしなければならないことを、具体的に述べています。すぐに実践してもらいたい項目について解説しました。

ぜひ、読破して人生の達人、恋愛の達人になっていただきたいと存じます。

健闘を祈ります。

早稲田大学
国際教養学部教授
森川友義

※本書は、2024年2月時点のデータに基づいて執筆しています。

はじめに 2

PART 1

人生編

自分らしい生き方を徹底的に考える

人生の基本原則

RULE 01 長い人生の中で、大学時代の位置づけって？ 15
RULE 02 日本の歴史の中に位置づけてみると？ 21
RULE 03 生物学的に大学生というものを考えてみると？ 25
RULE 04 自分に投資された金額を考えてみると？ 30
RULE 05 人生の意義を深く考えるのが、大学時代 35
RULE 06 「なぜ生きているのか？」を、職業にまで落とし込んで考える 39
RULE 07 人生の5分の1が終わったことの意味を考えてみる 45
RULE 08 「日本は学歴社会である」事実をどう考える？ 52
RULE 09 「一芸」に秀でる 58
RULE 10 「好きなこと」と性格的相性は別物！ 63

CONTENTS

大学生活を充実させるテクニック

RULE 11 大学時代の勉強で求められることって？ 68
RULE 12 アルバイトは自分発見のチャンス！ 72
RULE 13 友だち関係には3段階ある 75
RULE 14 サークルはどれくらいがんばるもの？ 81
RULE 15 コミュニケーション能力を伸ばす 84
RULE 16 社会のルール＆マナーを知る 89
RULE 17 ＳＮＳを正しく使う 93
RULE 18 女子学生の歴史的変遷を知っておく 97
RULE 19 21世紀型女子の生き方を知る 101
RULE 20 本をたくさん読もう 106

PART 2

恋愛編

「恋愛」について徹底的に考える

恋愛の基本原則

RULE 21 恋愛を「科学的に」学ぶ 115
RULE 22 「恋愛とは何か？」を知る 118
RULE 23 恋愛感情はどうやって生まれるの？ 123
RULE 24 恋愛は利己的なもの 126
RULE 25 女子は「恋愛＝結婚」、男子は「恋愛≠結婚」と考えている 129
RULE 26 恋愛の魅力はバランスする 133
RULE 27 恋愛における投資とリターンを知る 137
RULE 28 好かれやすい性格って？ 141
RULE 29 男女の脳はこんなに違う！ 145
RULE 30 どんなに好きな人でもいつかは飽きる 150

CONTENTS

五感的魅力と恋愛

RULE 31 第一印象をつくる「視覚」について知る 154
RULE 32 視覚の印象は毎日の心がけで変えられる 157
RULE 33 大学時代は会話力を伸ばすチャンス 160
RULE 34 モノの言い方しだいでうまくいくことを学ぶ 166
RULE 35 自分らしい「におい」でいることが大切 173
RULE 36 相手に触れることの大切さを知る 177
RULE 37 キスは相手を知る一番の方法 180
RULE 38 共に食事をすることの大切さを知る 183
RULE 39 好き≠性行為だと知っておく 186
RULE 40 「直感」を信じるのも恋愛には必要 189

PART 3

実践編

人生にも恋愛にも使える普遍的実践ルール

普遍的実践ルール

RULE 41 自分の商品価値を引き上げる 195
RULE 42 「社会的条件」の重要性を認識する 199
RULE 43 「根拠のない」自信を持つ 204
RULE 44 大きい夢を持ち、語る 208
RULE 45 一歩目を早く、卒業後の自分の姿を思い描きながら 211
RULE 46 試行錯誤をして、成功の秘訣を見つける 214
RULE 47 自分にはウソをつかない 217
RULE 48 自分を「客観視」する 220
RULE 49 世界と日本の動きに敏感になる 223
RULE 50 「きれいな別れ方」を学ぶ 226

まとめ 大学4年間で絶対やっておくべきこと 232

おわりに・脚注 237

ブックデザイン：都井美穂子

PART 1

人生編

自分らしい生き方を
徹底的に考える

UNITS

- ☑ 人生の基本原則
- ☑ 大学生活を充実させるテクニック
- ☐ 恋愛の基本原則
- ☐ 五感的魅力と恋愛
- ☐ 普遍的実践ルール

自分らしい生き方を徹底的に考える

私が教鞭をとる早稲田大学の学生新聞に「早稲田スポーツ」というものがあるのですが、過去に次のようなコラムが載っていました。執筆したのはおそらく新聞の記者の一人なのでしょう。みなさんが経験する学生生活の未来を端的に表していますので、引用します。

『1年浪人して大学に入ったのでことしで22歳になる。気づけば大学生活も3年目を迎え、人生の夏休みと呼ばれるモラトリアム期間も折り返し地点。時がたつのは本当に早いものだ。ついこの間まで高校生だったのに、一体何をしている間に22歳になったのだろう▼思えば私は常に流れ流されて生きてきた。誰かにああしろこうしろと指示されて生きてきたわけではないが、こうしたいああしたいといった意志を持っていたわけでもなかった。良く言えば直感、悪く言えばノリで生きているということになる。(中略)何一つ不満はないし、毎日楽しく暮らしている。しかし昔から、周囲から浮いているわけではないもののどこか宙ぶらりんでいる感覚が拭えなかった。それはこの『何となく病』のせいかもしれない』(「早稲田スポーツ」2013年5月25日号より)

まさしく、この「なんとなく病」に陥るのが、みなさん、大学生です。だからといってだれにも迷惑をかけることもありませんし、つまらない毎日というわけでもありません。それなりに充実はしています。でも、空虚なのです。「このままでは良くない」と思いつつ、それなりに楽しいので、高校時代ではありえなかった速度で、日々過ぎ去ってゆきます。

読者のみなさんには、人生と真剣に向き合うことによって、この「なんとなく病」を克服してもらいたいと思います。大学生活を楽しんではいけないとか、本書を読むと楽しめなくなるというわけではありません。むしろ、人生でも恋愛でも成功するのが目的ですから、さらに充実した学生生活になることでしょう。PART1【人生編】は「人生で成功」するため、PART2【恋愛編】は「恋愛で成功」するために書かれています。

まずはPART1で、学ぶべきことを学び、人生で成功してもらいます。「人生で成功する」とは、たとえば死期を迎えたときに「素敵な人生だった」と笑顔で死ねるということです。あくまでも自己評価で、他人が客観的に評価するものではありません。そのためには自分が素敵だと思う人生を思い描き、歩んでいかなければなりません。①思い描き、②実行する、両方とも難しいです。

他方、生きるためには、働いてお金を稼がなければなりません、男子も女子もです。ですから、みなさんが見つけなければならないのは、どんな形で、どのくらいのお金を稼ぎたいか、ということにもなります。そのためには、どのような努力をどのくらいしなければならないのか、ということでもあります。

ぜひ、このPART 1を読みながら、自問自答してください。「自分は何をするために、生きているのか？」を。先ほどの新聞記事にあった、卒業後に「こうしたいああしたい」と思うものを、ぜひ見つけてください。

人生の基本原則

RULE 01

長い人生の中で、大学時代の位置づけって？

まずは、「RULE　01〜04」において、みなさんの人生がどのようなものか、4つの立場からお話しします。

①みなさんの一生における大学時代4年間の意味
②みなさんが現在の日本に生まれたという歴史的意味
③ヒト（ホモ・サピエンス）として生まれた生物学的意味
④みなさんに投資されたお金から見た人生の意味

から、「人生を考えて」もらいます。

人生ではじめて、「自由な決定」ができる

まず、第一番目として、「**社会的見地**」、人生の中でどんなところに位置しているのかという点からみなさんとはだれかを明確にしておきます。まだ人生が終わっていない本人には、客観的な分析は不可能ですからね。でも、この項を読むと、人生の中で一つの大きな岐路に立っていることがわかります。

社会的見地に立つと、みなさんの特徴は4つあります。

第一に、「大学生」であるという点です。小学校、中学校、高校の12年間を終えて、年齢的にはだいたい18歳〜19歳くらいの若者ですね。これから、4年間、大学という場所で学んでいきます。大学院に行かない限り、人生で最も難しい先端分野の勉強をする時期です。最初の2年間は教養科目を主に学び、3年目以降は専門科目というのが一般的です。

大学では、高校までの予め決められたカリキュラムとは異なり、自分で自由に科目を選択することができます。いきなり自由に科目を選択する、これはたいへん難しいです。なにしろいままでの人生、どちらかというと明確な「意思決定」というのをしてこなかったのではないでしょうか。

小学校の入学や中学校の選択は、自分が決めたというよりその学校しか選択肢がなかったというのが本当のところでしょうし、中高一貫の私立中学に入学するというのもご両親の意志が強く働いたというのが事実に近いのではないでしょうか。高校においても同じです。確かにどこの高校に行くかは重要な意思決定のはずですが、自分の偏差値との相談の結果、意外に選択肢は少なかったはず……。

それが突然、科目の選択を自由にやっていいと言われて決定するわけですから、最初の難関のはずです。戸惑って当然です。

たぶん、大学受験というのが人生で最も大きな意思決定でしたね。合格して入学したのが、第1志望だか第5志望だかわかりませんが、とりあえず入学するという意思決定を行なって、手続きをしました。

入学も束の間、今度は科目を選択せよという……。興味ありそうな科目を選びたいが、下手をすると大ハズレの授業を選択しかねない、だから、とりあえずインターネットの情報とか、同じ大学の学生が作成・販売するマニュアル冊子を読んで科目を決めるなんていう安易な方法で選択したのではないでしょうか。

これからの人生では、このような「意思決定」というものを随時行なっていかなければなりません。大学生になったというのは、多くの選択肢の中から最適な一つを選ぶという賢い大人になるための大切な一歩を踏み出したということです。これからは自分の意志で納得して選択していってください。みなさんの人生には、他人が作ってくれたマニュアルっていうものはありませんから。

すでに人生の5分の1を過ごしてきた！

第二の特徴は、大学に入学したということは、人生の5分の1がすでに経過してしまったということでもあります。現在の日本人の平均寿命は、男81歳、女87歳で、世界でも有数の長寿国です。18歳～19歳ということは、だいたい人生の5分の1を終えて、残り5分の4という地点にいるということになります。

あらら、結構、人生、短いですね。みなさんくらいの若い時期は「人生は長い」と感じますが、20歳を過ぎると神様か宇宙人が時計の針を急に早く回しているのではないかと疑ってしまうくらい時間の経過が加速されてゆきますので、5分の1とはいえ、かなりの人生を過ぎたと思うべきです。

ライバルの数が一気に増える！

第三の特徴は、同世代に生まれた日本人の合計は約110万人、みなさん一人ひとりはその110万分の1だということです。人生の重要な局面で敵になったり味方になったりします。これは中学や高校時代でも同じですね。クラスメートは成績のライバルでもあり、友だちでもあったはずです。

今後も競争というものはこの同世代の110万人の中で行なわれているという点では同じなので

すが、**これからは小さい市町村単位の戦いから、大学受験のような全国レベルでの戦いになります。**
もちろん、前後2歳くらいの人たちが競争相手として存在しますよ。でも、基本はこの110万人の人たちがライバルです。

たとえば、順調に3年間で単位を取得すると、4年目には就職活動、いわゆる「**就活**」が待っています。就活とは、全国ほぼ一斉に企業が学生を募集するもので、年収が多くて、将来性のある優良企業であればあるほど、内定を勝ち取るのが難しくなりますが、その競争相手というのが、110万人ということです。

このように110万人はライバルでもあるのですが、同時に**友だちになる可能性がある人たちでもあります。**授業といった学ぶ場所、余暇のサークル、経済活動をするアルバイトでも「知り合い」以上の関係を持つことが可能です。

さらにはお互いを好きになる恋愛や結婚の場面でも同世代というのは意味を持っています。結婚は男が1歳か2歳上が最も多いと思っているかもしれませんが、2021年の人口動態調査によると、初婚では同い年同士が最も多くて、全体の20％を占めています。5人に1人は同学年なのです。

自由な時間が多く手に入る

第四の特徴として、大学生であるがゆえに、人生の中で自由になる時間が最も多い期間です。一年365日、その一年間を2つに分割して春学期と秋学期というものがあります。おのおの15週間（14週間の大学もある）を使って授業を行なっています。逆にいうと、一年間は52週ありますが、実際に授業があるのはそのうちの30週間くらいで、残りの22週間は、夏休み、冬休み、春休みといった長期休暇となっています。

大学を卒業して就職すると、一年間で有給休暇がもらえるのはせいぜい20日程度。週に換算すると3週間ですね。何と少ないこと。ということは大学4年間は毎年19週間も余計に休みがもらえているということになります。

この長い休暇をどう過ごすのかで、みなさんの人生が決定されると言っても過言ではありません。なにしろ、4年間で88週、1年半以上の休暇なのですから。人生でこんなに時間的に余裕がある時期を、無駄遣いしたらもったいないです。

RULE 02

日本の歴史の中に位置づけてみると？

次に、みなさんを日本の戦後の中で歴史的に位置づけます。みなさんが、**たいへん特殊な時代に大学生になった**ということがわかるはずです。現在ではおじいさんおばあさんになった「団塊の世代」とみなさんを比較してみれば、みなさんがどのような時代を生きているのか理解できます。「団塊の世代」とは、日本が太平洋戦争に負けて、兵隊さんが続々日本に帰国した結果生まれた人々のことです。大多数の兵隊さんは若い男子、当時の大学生も学徒出陣として戦地に行き生命をかけて主にアジアあたりで戦っていました。それが8月15日に終戦を迎えて、生き残った兵士が帰国してきたわけですね。当時の平均初婚年齢は25歳前後でしたから、結婚適齢期の男女が、お見合い（当時は過半数がお見合い結婚）をして、結婚したわけです。

１９４０年代後半、とくに１９４７年から１９４９年までの3年間を第一次ベビーブームと呼び、生まれた人たちを「団塊の世代」と呼んでいます。１９４７年と１９４８年には２６８万人くらい、１９４９年には２７０万人の赤ちゃんが生まれました。みなさんの世代の2倍以上です。

このころ、日本の人口は急激に上昇しました。ところが、太平洋戦争（第2次世界大戦）を戦って日本は負けたわけですから、当然、空襲にあった全国各地ではインフラが崩壊していて、整備計画も追いつきません。東京や大阪といった大都市は焼け野原でした。

当時の日本人はハングリー精神が旺盛、なんとかがんばって日本は「奇跡の復活」を遂げるのですが、そんな時代に学校に通っていたのが団塊の世代の人たちです。一年間に260万人以上の子どもが小学校や中学校に入学してきたわけですから、小学校、中学校を建てても建てても追いつきません。現在では一つの教室の定員が35人未満となっていますが、当時は60人くらいのクラスもありました。給食制度も整っていませんから、お母さんのお弁当を持参してのお昼ご飯でした。

団塊の世代の子どもが高校を卒業して大学受験をするのが、東京オリンピックが開催された1964年以降です。当時の大学数は国公立106、私立185の合計で291校。受け入れる大学生数は一年間で20万人あまり。みなさんの受験した現在が、793校、70万人。しかも同世代の人口が当時は260万人を超えているのに、みなさんの世代は110万人ですから、**昔はどの大学でも入るのが難しかったこと、偏差値の高い大学では浪人するのが当たり前であったこと、大学生であることが大きなステータスの一つであったこと**などがわかります。たとえば東大に入るためには「4当5落」と言われて、一日4時間しか寝ずに受験勉強すると合格するけれども、5時間寝ると不合

	1965年の受験生	1985年の受験生	2024年の大学1年生
同年代の人口	260万人	190万人	110万人
大学数	291	460	793
大学受け入れ人数	20万人	45万人	70万人

▲ 図表1-1　3世代の比較（数字はおおよそ、出典は政府統計等）

格と言われたくらい大学受験がたいへんでした。

現在、その人たちは70歳を超えて、年金生活者に入っている人がほとんどです。優しいおじいちゃんおばあちゃんになっていますが、若い頃は激動の時代を生きたのでした。

それでは、もう一つ……、みなさんのお父さん、お母さんの時代はどうだったのでしょうか？

ご両親が大学受験をした年齢を仮に１９８５年としておくと、図表１―１にあるとおり、３つの世代を比較することができます。

ご両親の時代は、団塊の世代とみなさんの中間あたりに位置しますね。一年間に生まれる赤ちゃんの人口も１９０万人に減少しましたし、大学数も４６０校になりました。

ずいぶんと受験も楽になったのですが、みなさんに比べれば格段に難しかったのです。

現在は「簡単に大学生になれる」時代

さて、みなさんの大学受験はというと……。なんと簡単に大学生になれること。大学入学希望者と大学受け入れ人数がほぼ同じ、大学全入時代になりました。大学生になりたいと望めば、全員大学生にはなれる時代です。

団塊の世代では、大学生というのは一つの高いステータス、尊敬されもしましたが、現在では大学生というだけでは、だれも尊敬してくれません。昔は大学を卒業したというだけで大企業に就職することが可能でしたが、現在はそれだけでは十分ではありません。なにしろ大学に全員入れてしまうわけですからね。

大学卒業というブランドが大きな意味を持たない時代に、みなさんは大学に入学したということです。どの大学を出て、大学在学中に何をするのかが真剣に問われる時代になったのです。

人生の基本原則

RULE 03

生物学的に大学生というものを考えてみると？

「RULE 03」では、3つ目の比較として、生物学的見地から、人間とは何かについて分析します。生物学ではあっても、恋愛や結婚にかかわる話なので、中学・高校時代の保健体育で習う性教育の話であったり、倫理の時間に習った哲学の話でもあったりします。

人間（ヒト）であるみなさんに「なぜ生きているのか？」と問いたいです。

本書を執筆するにあたって、早稲田大学の新入生に「なぜ、生きているのか？」について訊きました。そうすると、「死にたくないから」とか「趣味のサッカーをやりたいから」といった答えが返ってきました。大学生ならではの答えですね。親の庇護《ひご》があって、その恩恵を受けているにもかかわらず、その恩恵の有り難さを十分に認知していないから、このままずっと一生、恩恵を受けられる前提で私の問いに答えようとしています。

「死にたくないから」と答えた学生には死なない中の選択肢、たとえばお金持ちになるとか、フリーターで一生過ごすとか、山奥で一人仙人のように生きるとか、そういった細かい生活が描けてい

UNITS
☑ 人生の基本原則
□ 大学生活を充実させるテクニック
□ 恋愛の基本原則
□ 五感的魅力と恋愛
□ 普遍的実践ルール

ないので、「生きる」という質問の語句に直接的に反応して「死」という言葉が浮かんで、死にたくないと短絡的に答えたのだと思います。「趣味に生きる」というのも同じ。趣味は楽しいでしょうが、それ以外の毎日の衣食住に関する問題はどうするのかという部分が抜け落ちています。

では、改めて訊きます。

※私たちは、何をするために生きているのですか？

ギリシャの3大哲学者、ソクラテス、プラトン、アリストテレスはもちろんのこと、ホッブス、ロック、ルソーといった社会契約論者まで、哲学者は人間の存在理由を永遠の答えのないテーマとして考えてきました。デカルトは「我思う、ゆえに我あり」とか言いましたっけ……。デカルトさんに申し訳ないですが、こんなふうに考えてはダメ。「我あり」の理由が「我思う」だなんて何の進展性もないし、建設的でもありません。

生物学の中に「**進化生物学**」という分野があるのですが、その見地からこの問題を考えるとしっくりきます。そのためにも、ヒトの進化の歴史についてお話ししましょう。ヒトはホモ・サピエンスという動物なのですが、その誕生にさかのぼって解説します。

ホモ・サピエンスは、この地球上に20万年前くらいにアフリカで誕生しました。サルから人類が枝分かれしたのが、だいたい700万年くらい前、その間に、アウストラロピテクスだの、アルディピテクス・ラミダスだの、さまざまな人類が誕生しては消えてゆき、最近ではネアンデルタール人というのも存在していました。ネアンデルタール人も4万年くらい前に滅んでしまいました。ホモ・サピエンスによって滅ぼされたとも言われています。ホモ・サピエンスが生殖を繰り返して、現在の私たちがいます。私たちは全員、精子と卵子が合体して生まれた子どもです。このようなホモ・サピエンスが生き延びるためには、大きく分けて二つの行為をしなければなりません。これこそが私たちが生きる理由です。

私たちの生存理由。一つは「食料獲得」、もう一つは「異性獲得」です。

単純な答えですね。食料と異性の獲得だったら、人間以外の動物と同じではないかと思うかもしれません。食べ物を得て、交尾して子どもを産んで育てる。まったく同じです。実は何も違いはありません。人間の場合には、環境に適応するためにちょっとだけ脳が必要に迫られて大きくなっただけで、そのためいろいろ余計なことを考えて、人間は他の動物と違うと思ってしまうのですが、基本的には人間だって、有性生殖である限り、他の動物と同じ行動をとります。
それでは「食料獲得」と「異性獲得」の意味するところを詳しく解説します。

現代の食料獲得は「お金」

まずは「食料獲得」です。食べ物を確保しないと飢えて死んでしまいます。当然ですね。食料を得て生き延びるというのは最も重要です。狩猟採集時代と現代の違いは、食料を貯蓄できるのかできないのかの違いだけです。狩猟採集時代は、男子は野原に出て、獲物である動物を捕まえようとしました。女子は子育てに専念して子どもを外敵から守り、栄養を与えなければなりませんでした。脳が巨大化するためには動物性たんぱく質が不可欠ですから、1350グラム前後の大きな脳になるためには、相当量の獲物を捕まえてきていたはずです。マンモスが絶滅したのも、人間が食料のために捕獲しすぎたためだと言われているくらいです。

狩猟採集時代、男子は獲物を捕まえるのが上手な人と下手な人がいました。上手な人は生き残り、恋人ができ、子どもをたくさんつくり、長生きしました。現代でも基本的に同じ構造をしています。**現代では、直接的な動物性たんぱく質から、間接的なお金に入れ替わっただけです。**年収が多い人ほど、子どもをつくり、長く生きることが可能です。お金に不自由すると栄養価の低いものしか得られませんし、十分な医療も受けることができませんので、当然、短命です。まあ、前述の哲学者、デカルトをモジって標語をつくるとすれば、「我食う、ゆえに我あり」となりますかね。

生殖のために恋愛がはじまる

次に「異性獲得」です。私たちの身体は生殖を行なう仕組みになっています。ふだん排泄をするところが短期的に興奮状態におかれると生殖できる態勢になります。年齢的には、女子の場合は12歳前後で初潮が始まり、50代前半の閉経までの約40年間、子どもを産むことができます。その間、排卵期と非排卵期という「性周期」を繰り返して、排卵期に妊娠の可能性が高まります。男子の場合は、第二次性徴期で精子の製造が活発になり、中学時代から老人になるまでずっと精子がつくられて、過剰生産された精子を放出したいという欲求が生まれます。これを「性欲」と言いますが、若い頃はとくに造精能力に優れています。

生殖をする身体的仕組みをもつ男女は、「恋愛」して異性を獲得し、多くの場合、社会制度である結婚を通じて子どもをもうけて、「家庭」をつくります。

いま、恋愛感情がわかないって？　心配ありません。少なくともみなさんのご両親には恋愛感情がありましたよ。その結果、みなさんが生まれたわけですから。

RULE 04 自分に投資された金額を考えてみると?

子育てに投資されたお金の流れを考えると、みなさんがどのようにして「製造」されたのかが見えてきます。ご両親による、子育て投資、教育投資というお金の流れからみた、人生の4つ目の見方です。

みなさんのような大学生を入学させ、卒業させるのに、どのくらいお金が必要なのかについて具体的に考えてもらいます。

仮定の話として、夫婦に子ども2人という4人家族を前提としてお話ししましょう。4人家族ということは、赤ちゃんを2人出産したということです。通常、病院に入院して出産しますが、わが国では一週間から10日間くらい入院して、入院・出産費用は全部で最低でも50万円はかかります。子育てにもお金がかかります。赤ちゃん用の肌着が必要ですし、おむつもあやすためのおもちゃも必要です。また赤ちゃんは頻繁に病気になりますので、治療代もかかります。成長するにしたがってミルク代、洋服代等もかかります。

内閣府が２０１０年に発表した「インターネットによる子育て費用に関する調査」によると、０〜6歳のどの年齢においても、年間で１００万円前後かかっているようです。２人目の子どもにも同じ費用がかかることを考えると、また入院・出産費用と養育費用が必要になり相当の出費になってしまいます。

現代では、お父さんとお母さんがともに協力しながら育児を行ないます。しかし、お父さんのほうは子どもを産むわけでもありませんし、母乳で育てるわけでもありませんので、産後直後は、お父さんには外で働いてもらって、お金を稼ぎ、その稼ぎを母子に与えるという仕組みが合理的なはずです。

家族４人が住むところも必要です。持ち家は高額です。どんなに安くても年収の5倍はします。賃貸アパートに住むとなると、都市部では木造モルタルアパートでも最低10万円はみておかなければなりません。敷金・礼金もあります。引っ越し代というのもあります。

もちろん毎日の食費も必要です。電気代も水道代も、今の時代、携帯電話も不可欠ですね。家電があり、パソコンもあり、自動車もあり……。そう考えると、毎月最低でも30万円くらいは必要です。大学卒業までの22年間養ってもらいたいので、安定的にお金を稼げる両親の存在が不可欠ということになります。

次に、投資された「教育費」です。図表1―2は日本における教育費の平均総額です[2]。図表は公立と私立の学校の教育費の総額を比較しています。幼稚園から高校まですべて公立に行った場合には、だいたい577万円くらいかかるということです。修学旅行費や生徒会費などさまざまな費用を含めての数字です。他方、幼稚園から高校まですべて私立に行った場合には、1千8百万円以上かかります。公立の3倍以上です。

公立の場合には毎月3万円くらいの出費、私立の場合には、毎月10万円近くの教育費の出費ということです。もし子どもが二人いたら、その倍になります。単に子どもを学校に出すだけでこのくらいのお金がかかってしまうのです。

	公立	私立
幼稚園	495,378円	926,727円
小学校	2,115,396円	10,001,694円
中学校	1,616,397円	4,309,059円
高校	1,538,913円	3,163,332円
総計	5,766,084円	18,400,812円

▲ **図表1-2　教育費の平均総額**[2]

もう一つ、びっくりする数字を披露します。図1―3は親の世帯収入と子どもの学力の関係を示すグラフです[3]。子どもの学力とは、公立小学校6年の算数Aと国語を合計した平均点です。図表で明らかなように、年収と学力にはたいへん強い相関関係があります。

年収2百万円未満では平均60点も取れていませんが、ピークである年収1千2百～1千5百万円

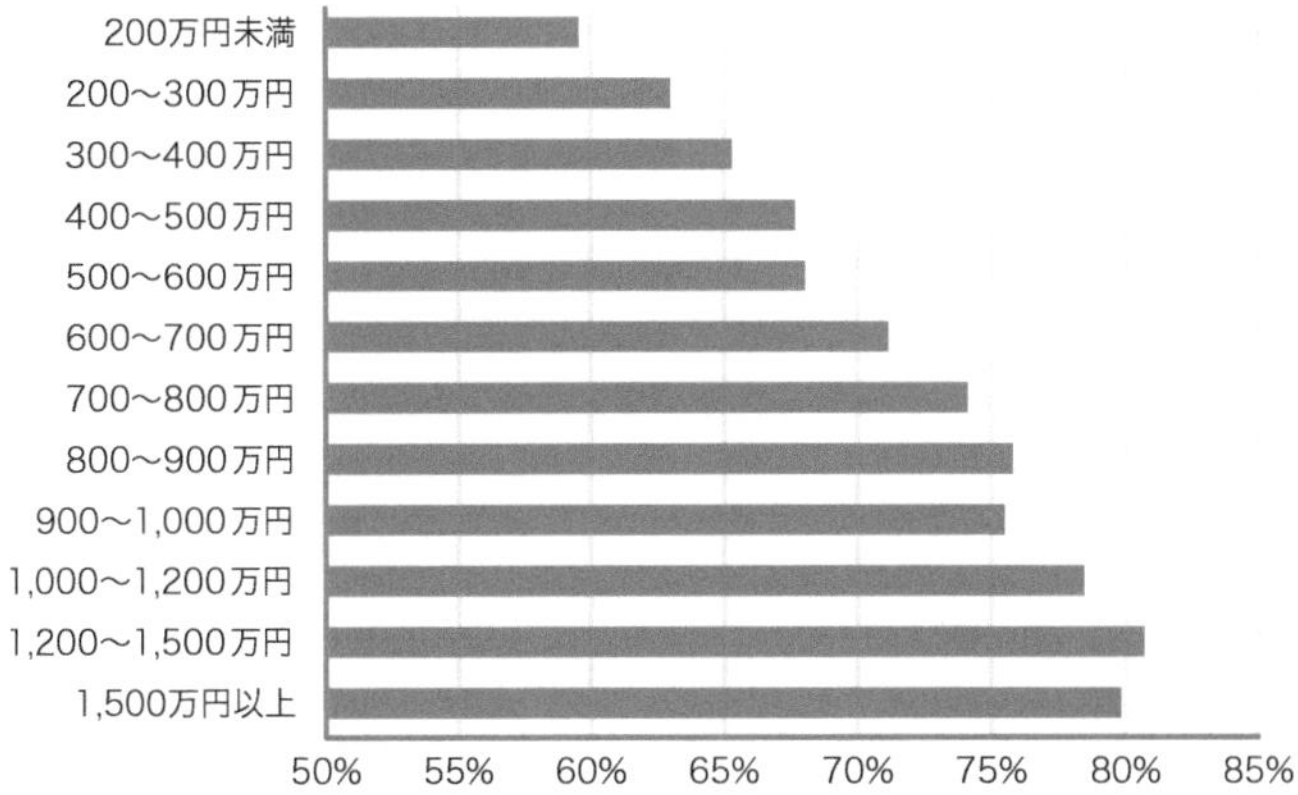

▲ **図表1-3　学力テストの成績（算数Aと国語の正答率平均）と世帯年収**[3]

の両親では、子どもの平均点が80点を超えています。その差、20点以上あります。子どもの成績はご両親がどれくらい稼ぐかに多大に影響されているのです。

でも、自分の現在の成績が悪いのを親のせいにしないでくださいね。この図表はあくまでも小学校6年生のデータですから。統計的にいえば、小学校6年生のときに成績が良くなかったのは親の年収のせいでもあるとはいえますが、その後、中学・高校とおのおの3年間があり、大学受験を経ているので、現在のみなさんは自分自身の努力の結果である、と考えたほうがいいです。

以上、養育費、教育費、成績の3つを見てきましたが、みなさん自身はこの数字、どのように思いますか？　次のように問いかけます。

みなさんという子どもを育てるのに、親は多額の投資をしてきたと思いませんか？　親はみなさんを大切に育てて、教育費も潤沢に使い、その結果、みなさんがそれなりの成績を得て大学に入学した、ということです。もしこのような長期にわたる高額の投資にもかかわらず、みなさんが自分の人生を粗末にしたら、親はどのように思うことでしょう？

　また、せっかく親からの投資があったのですから、将来はみなさんが同じかそれ以上に稼いで、自分の子どもに同じような教育を施してあげたいと思いませんか？　教育を親からもらいっぱなしの人生でいいですか？

人生の基本原則

RULE 05

人生の意義を深く考えるのが、大学時代

ここまでを要約します。

①ホモ・サピエンスである私たちは、「食料獲得」と「異性獲得」という目的を持って生きてきた。私たち日本人は数万年前に日本列島に移住してきたが、その後、歴史的変遷を経て、21世紀に入って、みなさんが生まれた。

②1945年の終戦後、第一次ベビーブームが起こり、おじいちゃんおばあちゃんが生まれたが、激動の昭和を過ごした団塊の時代の人々からすると、みなさんは恵まれた大学生である。しかし、恵まれた大学生だからといって、幸福であるわけでも、将来幸福な人生が保証されているわけでもない。どのように生きたいのか、幸福になりたいのか不幸になりたいのかは、みなさん自身が決めるもの。むしろ大学生がたくさんいる分、大学生というブランドの相対的低下が見られる。

③みなさんは親から教育費を援助されて、中学・高校を卒業し、現在に至る。この投資を無駄にするか、将来の自分の子どもにも同じような教育を施してあげたいかは、みなさん自身が考えなけれ

ばならない。

④その意味でも、「何のために自分は生きているのか?」、「自分の人生は今後どのようにしたいのか?」を考え続けるべきである。

ここまでの社会的、歴史的、生物学的、投資的見地を踏まえて、「RULE 05」としては、みなさんの人生はどうあるべきかを真剣に考えてほしいということです。

自分の今後の人生をどのようにしたいのかという崇高な問題を考えることは、それ自体に意義があります。めんどくさがらずに、考えてゆきましょう。答えは容易には出てこないでしょう。でも考えること自体に意義があるのです。

みなさんは、自分の人生を無駄にしたくないでしょう? 人生って一度しかないのですよ。二度、三度あるっていう考え方もありますが、やっぱり一度です。一度だから、後悔しない人生にしたいではないですか。自分がこの世から死ぬときに「**ああ、いい人生だった。自分をほめてやりたい**」って思いながら、死にたくはないですか? それとも「ああ、人生、つまんなかった。やっと死ねて良かった」と思いたいですか? 嫌ですよね、70年後の人生の幕引きの想いがそれでは。そのためにも人生とは何か、自分の人生をどうしたいのかを納得いくまで考えることが必要となります。

そもそも、大学生の目的は「学ぶ」ことです。なぜ「学ぶ」かというと、卒業後に仕事をしたり、大人として社会に出たりするには、まだまだ知識が足りない、とくに専門的な知識が足りないのでしっかり勉強してもらって、世の中の即戦力になってほしいからです。とはいっても学生は遊んでばかりいるから、即戦力にはなかなかなりませんが……。少なくとも、一般常識を身につけて、基本的な「読み書きそろばん」ができるようになって、将来性がある人材に育ってもらいたいです。

いまはこの理屈がピンとこないかもしれません。就職してお金を稼ぐようになってから「学ぶ」ことの重要性を理解するのですが、その前はわかりづらいかもしれません。でも、卒業生が研究室を訪れると必ず言いますよ、「**ああ、もっと勉強しておけばよかった！**」って。

「自分の人生の意義を知る」ということは、経済学や文学や語学などを学ぶ前に考えておかなければならないこととは思いませんか？

もし人生の意義を自分なりに考えて答えが出たら、目標ができます。目標ができると、目標に合った科目をとりますから、授業がとっても面白くなりますし、その科目をもっと深く勉強したいと思うようになります。逆にいうと、目標のない勉強ほどつまらないものはありません。大学の授業の多くは「どうして、こんな勉強、やらなくちゃいけないの？」と思うものばかりだというのも現実ですから。

人生について深く考える最大のチャンス

大学生という職業はたいへん特殊なもので、勉強を本分とするみなさんは、**親の庇護を受けて生活している**という事実があります。大学の入学金は多くの場合、親が出してくれたはずで、残りの授業料も親の援助があって、大学に通えているという人が多いでしょう。実家を離れて大学の近くにアパートを借りている場合には、生活費も親が出している場合が多い。ということは、生きるための食料獲得は、みなさんが行なっているのではなく、両親のどちらかあるいは両者が行なっていて、食料は与えられているということです。

たとえるなら、鳥のひよこと同じです。ピヨピヨとは鳴きませんが（むしろ反抗したり、逆ギレしたりします）、生きるための最低限のお金や食事は親によって提供されています。そのため、時間がたっぷりあります。**人生においていま以上に時間があるときはありません**。ですから、考える時間をひねり出すのに苦労はありません。ところが、大学を卒業して就職して仕事を本格的に行なうようになると、毎日が忙しくて、じっくり考える時間がなくなっていきます。結婚して子どもができたらなおさらです。次にたっぷりと時間ができるのは、定年を迎えたときです。そのときに「人生とは何か」を考えても遅いです。無駄な行為とは言いませんが、もっと若いときに考えておけばよかったと思うに違いありません。

RULE 06

「なぜ生きているのか?」を、職業にまで落とし込んで考える

「人生を考える」は哲学的な問題です。まずは、ぜひ自分で哲学的な答えを出してください。「幸福になるために生きている」、「平凡な家庭をつくるために生きている」、「大金持ちになって、豪勢な暮らしをするために生きている」、「日本一になるために生きている」、「快楽を追求するために生きている」、「世の中の悪をなくすために生きている」、など、なんでも良くて、自分なりの答えを出してほしいものです。また、数ヵ月後、数年後に別の目的に変わっても問題ありません。**人間は成長するもの、成長にしたがって人生の目的が変わるのは当然です。**

大学を卒業しても、人生の目標がすぐに達成できるわけではありません。数年、数十年かかるかもしれません。みなさんは、大学を卒業したら親からの援助が終わり、自ら「食料獲得」のために働かなくてはなりません。ということは、**具体的には「将来の仕事はどうする?」という卒業後の展望まで落とし込んで考える必要があります。**

将来を具体的に考えることを避けて通るわけにはいかないのです。「どのような職業に就きたい

のか？」、「どのような人と恋愛したいのか？」となってゆくのです。つまり、
①どのような職業に就いて、どのくらいのお金を稼ぎたいのか（食料獲得）
②どのような異性と恋愛したいのか（さらにはどのような家庭を築きたいのか）（異性獲得）
という2点は必ず答えを見つけなければならない問題です。前記の②についてはＰＡＲＴ２【恋愛編】『「恋愛」について徹底的に考える』で詳述しますので、ここでは、①の食料獲得について考えましょう。

みなさんは将来の職業について確固たるビジョンを持っていますか？

４年後の自分の姿です。大学生の過半数はビジネスパーソンになります。大学院で研究する人もいます。企業は従業員の規模によって、大・中小企業とありますし、働く地域もさまざまです。東京証券取引所のプライム企業だけでも１千５百社以上あります。業界でいったら、メーカー、マスコミ、商社、小売、金融、ＩＴ、サービス等があります。

職種の例としては、医者、弁護士、国際・国家・地方公務員、ミュージシャン等の芸術家、保育園の先生、小・中・高の先生、大学教授、起業家（社長さん）、ジャーナリスト、小説家……。選択肢はたくさんあります。

現在はどの仕事にも就いていないのですから、みなさんの可能性は無限にある（ように見える）

と思ってよいです。でも、その反対に何にもなれない可能性もあるということでもあります。すべてはみなさん次第となります。

ぜひ、人生設計を考えてください。将来就きたい業種を見つけるのです。

人生を考える5つの視点

急に答えを出せと言われても難しいですかね。では、そういう方のために、基本的な考え方を用意しておきましたので、以下の5大原則を実行してみてください。

第一に、**「何をしているときの自分が最高か」**です。最高の自分がどこにあるのかを真剣に考えてみることが必要です。「将来、プロの野球選手になる」と考えたときに、「なにそれ？」って思う人と、「それ、最高だ」と思う人がいます。イメージしたときにどれだけ自分を高揚できるかで、諦めない心が生まれますし、努力もいとわなくなります。いわゆる「天職」探しといえます。**根本的に問わなければならないのは、「好き」かどうかです。**どれだけ「好き」かという点です。「好き」ならば、つらい努力も喜んでやるでしょうし、障害物があっても乗り越える気力がわいてきます。

第二に、**どのくらいの給料をもらいたいか**です。年収ベースで、2百万円でいいのか、2千万円はもらいたいのかという選択です。

仕事には、それぞれの「価値」があり、価値が高い仕事をしている人ほど、たくさんの給料をもらえるような仕組みになっています。たとえば、カフェのチェーン店においてコーヒーをつくる作業は、マニュアルに沿った単純作業ですから、一週間もすれば大学生のみなさんでもアルバイトとしてやっていけます。だれでもできる分、給料はあまり高くありません。

他方、映画やテレビドラマの俳優は、演技力や見かけといったスキルが求められるため、だれでもできるわけではありません。主演を演じることができる俳優はさらに視聴者を惹きつける一流のスキルや人気やオーラが必要です。したがって、希少価値がある分、給料は高いです。俳優の他にも、医者、パイロット、作家、競馬の騎手、弁護士、国会議員といった専門職は、高給です。基本的に、なれる人数が少なく、才能や努力が必要となればなるほど、高給になるということです。求められるスキルの高低によって、得られる年収が変わるのです。

第三として、**自分が、目標に向かって、どの程度努力ができるのか**、です。努力とはどのくらいお金と時間と労力を効率よく自分に投資できるかということです。集中力というのも重要です。おざなりの努力では結果が伴いませんから。

多くの場合、どの程度、目標達成が自分にとって重要と認識できているかで努力の度合いが変わってくるようです。たとえば、高校時代に野球をやっていて甲子園球場でプレーしたいと願うとき、どれだけ、自分の中でイメージできるかで、努力の度合いが変わってきますよね。毎年地方大会の一回戦で負けていると甲子園は遠い存在で、練習もおざなりになりますが、毎年地方大会で準決勝くらいまで進んでいると、もう少しの努力だと思い、がんばれるものです。自分の過去と相談して、どのくらい努力家なのか、自己分析をしてください。

第四として、**自分がその目標を達成できるのに、どの程度の天性の能力があるか、性格的に合っているか**、です。

ピアニストになるとか、プロゴルファーになるといった天性の能力が必要なものは明らかですが、企業の中の仕事でも、遺伝子レベルでの向き・不向きというものがあります。向いていない仕事に就くほどつらいものはありません。みなさんの中で「化学」が嫌いな人もいるかと思いますが、化学の授業中はつらかったでしょう。不向きな仕事をやるのは、そのつらい授業を一生やるのと同じです。他方、化学が三度のメシより好きっていう生徒もいました。努力なんて必要なくて、すらすら試験問題を解いてしまう生徒もいました。そのような生徒にとっては頭の構造が化学向きなのですね。天性のものです。

このように仕事への向き・不向きは遺伝子レベルの相性が大きく影響すると考えられます。どれが性に合っているのか合っていないのか見極める必要があります（詳しくは「RULE　10」においてドーパミン、「RULE　21」においてセロトニン、「RULE　29」ではテストステロン、エストロゲンの影響を考察します）。

そして第五に、前記4つの折り合いをどこでつけるか、です。つまり、①どのような仕事を最高と思えるのか、②どのくらい給料がもらえるのか、③どのくらい努力を投資できるのか、④どのくらい自分に性格的に向いていて能力が備わっているのか、の折り合いです。

だれだって、最高の仕事で、最高の給料で、才能があるから努力ゼロで、性格的に合っているのが理想ですが、そんなことは絶対に無理です。給料が良い仕事ほど、要求される能力と努力のレベルは高くなります。競争があるので、ライバルに勝たなければなりません。努力をどの程度いとわないのか、どの程度、先天的能力が後押しをしてくれるのかということになりますし、どの程度好きなのか、性格的に合っているのかという部分も大きいです。

これらを考えるために、まずは、**「最高の自分」探しから開始です**。考えられる選択肢の中で、自分にとって最高のものを見つけて、リサーチしてみてください。それが人生を成功に導く第一歩です。

RULE 07

人生の5分の1が終わったことの意味を考えてみる

さて、前のルールではバラ色の将来像を考えてもらいましたが、「RULE 07」と次の「RULE 08」では、**みなさんの現実を直視してもらいます**。盛り上がったところに冷や水を浴びせることになるので、覚悟が必要です。ごめんなさいね、自分を客観視（「RULE 48」参照）しないと次のステップに行けませんから。

「RULE 06」の人生設計、うまく行きますかね？　ひどい言い方ですが、私はたいへん懐疑的です。とくに努力のところが心配です。仕方がないですよ、努力が必要、努力でなんとでもなるとは述べましたが、現実にみなさんの多くは、いままでの人生でいい加減な努力しかしてこなかったのでしょうから。それが急に、人が変わったように超越した努力を始めたっていうことは滅多にありません。

「RULE 01」で、みなさんの人生を90年と考えると、すでに少なくとも18年過ぎた、人生の5分の1が過ぎ去った、と述べました。この過ぎ去った年月について考えてもらいたいのですが、結論から言います。

※18年間、一所懸命がんばってきた人、おめでとう！

引き続き、その調子でがんばりましょう。ただし、これから求められる能力はいままでの能力とは異なります。いままで成功したからといってこれからも成功するとは限りません。成功する確率は、がんばらなかった人に比べては高いですけれどね。

※18年間、適当に生きてきた人、このままでいいのですか？

自分で選んだ結果なのですから仕方がありませんが、このままでいいのでしょうか。現在ある自分は自分が選んだ道、いいと思うのなら、これからも適当に生きることになります。他方、もし嫌だったら……。飛躍的に自分を変える必要があります。**18歳までに努力を怠った分、今後取り返さなければなりません。**

18歳になったからには、今後は自分が納得いく人生を生きているのかどうか、常に確認してゆかなければなりません。問い続けてください、このままの人生でいいのかを。

人生の3大岐路を知る

人生には3大岐路というものがあります。どんな人生を送ろうと、転機が3つ訪れて、その3つがその後の人生に大きな影響を与えます。

3大岐路とは、

①大学受験
②就職活動
③結婚

です。

最初の岐路は、「どの大学に入学するか」です。すでに経験があるかと思いますが、「どの大学に行っているの？」あるいは「どの大学を卒業したの？」とは一生の間、何百回となく訊かれる質問です。それほど、どの大学に通うかは重要なことです。最終学歴は、就職活動でも、恋愛や結婚でも、同窓会といった場面でも、一生ついてまわるのです。

人生第二の分岐点は、「就職活動」です。原則として、卒業後は、仕事をするか、大学院に行ってさらに専門の研究をするかと二者択一しかありません。仕事を取る場合には、正規社員になるかフリーターといった非正規社員になるか、もしくは起業するかなどの選択があります。なお、わが国ではいったん非正規社員の道を取ると軌道修正して正規社員の道を取ることが難しいです。

第三の分岐点は、「結婚するかどうか。結婚するならばだれと結婚するか」です。また子どもを持つ場合、産む選択をするなら自分と相手の遺伝子を50%ずつ持つ子ども。納得した相手との子どもを産みたいものです。でも、この納得した相手を探して、相思相愛になるのが難しいです。

とりあえず、大学入学という第一の岐路で進む道が決まりました。**次にがんばってほしいのは、第二の分岐点である就職活動です。**そのためには、4年間を逆算して人生設計をしてもらいたいのです。そうです、大学に入学したいまから、4年後のビジョンを考えなければならないのです。どんな人生設計が良いのか？　どんなところで働きたいのか？　どんな職種の仕事をしたいのか？

インターネットでも、知り合いのお兄さん、お姉さんに仕事の内容を訊くでもいいです。将来働きたいところをイメージするのです。

そのイメージがどの程度本物かをテストする方法があります。「なぜ？」と自問自答することです。自問自答することによって、どの程度深く将来を考えているのかが見えてきます。ぜひ実行してみてください。

たとえば、大学に入学したわけですが、その大学についても自問自答してみてください。一例として以下のような問答になります。

（質問）「**なぜ、この大学に入学したのですか？**」
――（答え）「この大学しか合格しなかったから。」
（質問）「**なぜ、合格しなかったのですか？**」
――（答え）「あんまり勉強しなかったから。」
（質問）「**なぜ、あまり受験勉強しなかったのですか？**」
――（答え）「苦手な科目を勉強するのつらかったし。」
（質問）「**なんで苦手だと、つらいのですか？**」
――（答え）「やる気が起きないっていうか、つまんないし。」
（質問）「**苦手な科目を克服しないと合格しないのは当然では？**」
――（答え）「そりゃそうだけど、つまんないからつい後回しにしました。」
（質問）「**不合格になっても当然ですね。**」
――（答え）「……」

という感じになります。「なぜ」を突き詰めてゆくと、自分の欠点が見えてきます。なぜ、いまの自分が存在するのかも見えてきます。

これからの人生に関しても、このように「なぜ」という側面から突き詰めてください。自問自答でもいいですが、友だちとやりとりをするとさらに自分が分かります。

たとえば、大学卒業後の企業に関するビジョンならば、次のようになります（※以下は実際に行なった新入生との会話例です）。

（質問）「**なぜ、外資系メーカーのF社に勤めたいですか？**」

――（答え）「世界を股にかける仕事がしたいからです。」

（質問）「世界は大きいですから、あなたの小さな股ではかけられませんね。まあ、比喩は比喩として受け入れるとして……。**どうして海外と日本をつなぐ仕事がしたいのですか？**」

――（答え）「英語も日本語も使えて、カッコイイと思うんです。」

（質問）「**なぜ、二つの言語を使うのがカッコイイのですか？**」

――（答え）「日本語と英語の両方だと、日本語だけよりカッコイイです。」

（質問）「**ですから、なぜ、二つの言語のほうがカッコイイのですか？**」

――（答え）「せっかく英語を習っているのだし、英語力を生かしたいなと。」

（質問）「**なぜ、英語力を生かしたいのですか？**」

――（答え）「カッコイイから。」

最後はヨレヨレですね。堂々巡りになって、なぜ外資系メーカーに勤めたいのか、まるでわかっていないことがわかります。**「なぜ」、「なぜ」と突き詰めて、際限なく答えることができるようになると、本物です。**

10の「なぜ」に返答できるようになれば、「合格」としておきましょう。なぜ、その業界なのか、なぜその会社なのか、なぜその会社の特定の部署なのか、なぜ、その仕事でなければならないのか……といったことをとことん突き詰めてゆくのです。

この「なぜ」の練習をして自分の納得した人生にしないと、いままでの人生の5分の1の延長線上の将来しか可能性はありません。関数のグラフで考えてみます。縦軸に実績（目標達成度）、横軸に時間でグラフを書いてみると、多少の曲線はあるかもしれませんが、時間とともに達成目標は右肩上がりになっているはずです。

この先、5年、10年、20年と、関数の傾きの上に自分が存在します。

人生を良い方向に変えるには、どこかで傾きを劇的に上方に修正しなければならないのです。そのきっかけが今、この人生設計です。「あなた、人が生まれ変わったようにがんばるようになったね」と言われるくらいになってほしいです。

人生の
基本原則

RULE 08

「日本は学歴社会である」事実をどう考える？

冷や水の第二弾は、**日本が「学歴社会」である**という事実です。学歴社会とは、学歴によって、能力が判断され、卒業後の進路も偏差値の高い大学出身者が優遇されるということです。これは否定しようのない事実です。確かに昭和の時代では、現在以上に学歴社会で、平成以降になってその度合いが緩やかになったにしても、学歴社会であるというのはわが国の厳然たる事実です。いや、世界中どこでも学歴社会です。日本はまだマシなくらいです。

学歴社会とは、卒業した大学の名前で能力が測られるということです。それが良いとかいけないとかの判断をするつもりはありません。**むしろ、その事実をどのように利用するのか、あるいは克服するのかという点が重要です。**東京大学、京都大学といった旧帝国大学や、私立の中で偏差値の高い早慶上智といった大学に通っている人は、いかにその立場を利用するのかということが重要ですし、偏差値的にはそれ未満の大学に入学した学生は、いかに学歴社会からくるハンディを克服するのかというのが課題となります。

よろしいですか、世の中はたいへん厳しいです。18年という年月は、均等に与えられた機会でした。これからは、ものにしたのかものにしなかったのかで、人生が変わった・変わってゆく事実を認めなければなりません。

しばしば「どの大学で学ぶかは重要ではない、大学で何を学ぶかが重要である」なんていう言葉を聞きます（このタイプの評論家自身は高学歴者です）。もちろん、大学で何を学ぶかも重要です。でも、偏差値の高い大学であればあるほど、設備が整い、教授陣も充実していることは確率的に言えることです。ですから、良い大学に入るほうが、安全確実に自分の学びたいことが学べると言えるのです。

しかし、すでに5分の1の人生が過ぎて、大学に入学して、みなさんの大学のブランドの格づけが行なわれてしまいました。今後、大学の内外で学んだ後に、就職活動という競争が待ち受けています。

学歴社会の一例として、大手企業がどのように選考しているのかについて、学生のみなさんが承知しておかなければならないことが2つあります。仮に、その大企業をA社としておきます。

A社では、毎年100人程度の新卒者を採用します。だれでも知っている企業だし、年収も最高クラスですから、全国から何千人、何万人と応募してきます。その採用の可否を決めるのは、人事部という部署です。

人事部では、毎年、どの大学から何人採用するかをあらかじめ決めています。大学で差別しないというのは表向きのリップサービス。卒業する大学でだいたいの枠が決められています。もし大学という枠がなかったら、100人全員が東大や京大といった旧七帝大の国立大学出身の学生になってしまうことが考えられますし、あるいは、逆に、全員、無名の大学の出身者になってしまうことも考えられます。どちらの場合でも、人事部は社長から大目玉を食らいます。

ですから、100人の枠のうち、東大、京大、一橋大学からは40人、早慶上智からは30人、GMARCH・関関同立からは10人、その他の国立大学から10人、その他の私立大学から10人といったように、大枠が決められています。

前記の場合の合格率を単純計算しますね。東大、京大、一橋大学の毎年の入学者はおおよそ1万5千人です。40÷1万5千が総数ですから0・27％になります。早慶上智の一年間の学生数は約2万人。したがって、30÷2万で0・15％です。同じように計算すると、GMARCH・関関同立が10÷4万で0・025％となり、その他の地方の国立大学や私立大学からの内定率は天文学的な数字になってしまいます。

このような就職活動時における例はきりがありません。大学ブランドというのは日本社会において歴然として生きている前提だけは理解してください。

さて、引き続き、A社の例で考えます。

偏差値の高い大学に入った学生の場合。このような学生にとっては、同じ大学内の学生同士の競争になるということです。大学内の同級生がライバルです。自分の大学がブランドとして使えないのです。ある意味、悲しいですね。

せっかく苦労して優秀な大学に入ったのに、競争相手が他大学ではなく、自分の大学の同級生であるということですから。入社できる確率は高いけれども、それがすなわち採用には至らないということです。

では、どうしなくてはならないかというと、**他の学生・学部生からの「差別化」を図らなければならないということになります**。他の学生とは違ったなんらかの「売り」を身につけなければならないことになります。同じ大学に通っているけれども、私はこんなにすごいことを大学時代にしたんだという「売り」ですね。

たとえば、体育会系の運動部に所属してずっとレギュラーだったとか、海外の有名大学に一年間留学したとか。サークルとアルバイトで忙しくしている学生とは一味違うんだというものが必要となってきます。

他方、偏差値がそれほど高くない大学に入った学生の場合。偏差値が高い大学との競争はありません。その点は良かった。しかし、採用される確率が圧倒的に低いです。競争相手が多いわけですから、こちらも差別化が必要です。

もし優良企業に勤めたいならば、前述の「売り」も強烈でインパクトが高いものにしなければなりません。サークルの部長くらいでは確実に落とされます。単なる体育会系でも落とされます。もっとインパクトがないと。たとえば、全国大会で優勝したとか、起業して会社をつくって生活費と学費は自分で全部稼いだとか、全額支給の奨学金を獲得して4年間授業料は一円も払わなかったとか、エベレスト山に登頂したとか……。

この「売り」をつくってゆくことを「**コンセプト作り**」と呼んでいますが、このコンセプト作りこそ、第二の人生の分岐点で必要となってきます。というか、**このコンセプト作りこそが、大学時代に絶対に行なっておくべきものです**。サークルやアルバイトをやるのはもちろんいいのですが、「売り」の構築だけは、何よりも優先してやっていただきたいと思います。

なお、絶対大企業に入れとか、大企業に入らないのは優秀ではないと言っているのではないので念のため。A社は一例であり、他にも素晴らしい企業は数多くあります。私が言いたいのは、人生設計をして、自分が将来を託す企業が見つかったなら、その企業に入る努力をしなさいということです。**漫然と大学に入って、その後も漫然とアルバイトとサークルに明け暮れて、漫然と大学を卒業するのでは、人生の無駄遣い**だと私は思うのです。

学歴社会という制約の中では、偏差値が低い大学に入った学生は、偏差値が高い大学に入った学生以上に努力が求められるということです。「どうせ私は～」とか「勉強は好きではないから～」といった開き直りは通用しません。

RULE 09 「一芸」に秀でる

重要なので繰り返します。企業に就職するにしても、大学院に行くにしても、書類選考と面接を突破しなければなりませんが、そのときに必要になってくるのが、**自分の「売り」の構築**です。就職活動や大学院の面接での主な判断材料は、

①大学時代がんばったこと（通称「学チカ」）
②その企業（大学院）を応募した理由
③面接時における両方のプレゼン能力

です。①の「大学時代がんばったこと」とは、前項で申し上げた「売り」を前面に押し出した「コンセプト作り」ですね。

おおよその数字ですが、１００人の応募学生がいると80人が、サークル活動かアルバイトを大学時代がんばったことにしています。あたかも大学時代が、サークルとアルバイトのためだけにあるとも考えられるくらいの比率です。

確かに、趣味を同じくする人たちとの出会いを求めてサークルに入ったりする場合もありますし、

学費と別のお小遣いを自分で稼ぐためにアルバイトをしたりするかもしれません。でも、その2つを「大学時代でがんばったこと」にするには、**「私の大学時代はつまらないものでした。がんばったことはありません」と告白しているかのようです。**

それでは、「**大学の授業をがんばった**」というのはどうでしょうか？

こちらは学生が悪いというよりも、企業側の問題ですが、学業成績はそれほど評価しません。超簡単な授業もあるでしょうし、大学や学部の善し悪しもあって、一概に評価しにくい面もあります。もし卒業式で総代（一番の成績で卒業すること）になるくらいなら、評価してくれますが、現実的には科目の成績の善し悪しだけを「売り」にするのは、面白みがないと思われてしまうようです。

それではインターンシップというのはどうでしょうか？ インターンシップは流行のひとつですが、これもそれだけでは使えません。というのも期間が1ヶ月や3ヶ月と限られているからです。「大学時代でがんばった」とは大学1年生から4年生までに一貫したものがほしいところです。インターンシップだけではなくて他の何かと組み合わせて使いたいものです。

私が受け持っている森川ゼミでは、この一貫性を強調させています。人生の生き方を学ぶには就職活動は良い修業になるとの考えから、私のゼミでは就職活動に力を入れていますが、**この「大学時代にがんばったこと」をいかに作ってゆくかが内定を勝ち取るための方法と考え、一所懸命コン**

セプト作りをさせています。

がんばったことの例として二人の元ゼミ生に登場してもらいます。

一人は東北出身のN君の場合。大学入学までは日本から一歩も出たことがない「純ジャパ」と呼ばれる男子でしたが、入学したての一年生春学期から夏休みまで、英語を猛勉強して、TOEFL®を100点、TOEIC®を満点の990点まで引き上げました。私が教鞭をとる国際教養学部は一年間の留学が義務づけられているので、N君は2年次秋学期からロンドン大学に一年間交換留学し、発展途上国の開発問題を学ぶことにしたのです。とくに貧困問題です。学問だけでは飽き足らず、実際に発展途上国に行って経済開発について興味を持つようになって、結局、バングラディシュにある小口金融で世界的に有名なグラミン銀行でインターンシップを1ヶ月行ないました。

N君の「大学時代がんばったこと」とは、「発展途上国における貧困問題の研究」という点でコンセプトをつくり、

（語学力）TOEFL® 100点・TOEIC®満点↓（学問として）ロンドン大学一年間留学↓（実地として）グラミン銀行のインターンシップ

という一貫したものにしました。単に「日本の大学で貧困問題を学びました」よりスケールが大きいでしょう。最終的には大手総合商社のM社に入社しています。

二人目は、Rさんです。Rさんは日本人と韓国人のご両親の間に生まれた女子で、米国に数年間住んでいた帰国生です。政治学に興味があったので、私の授業をとったことがきっかけでゼミに入ることになりましたが、彼女の「がんばったこと」は政治学の研究です。政治学なんてありきたりですが、留学は日本人が少ないカナダのトロント大学に一年間行きました。さらに留学中には、カナダの国会議員のもとで数ヶ月インターンシップを行ないました。そこまではまだコンセプトとしては弱いと思い、帰国後に日本で国会議員のインターンシップをするように勧めました。

> （語学力）英語TOEFL® 104点、韓国語堪能→（学問として）トロント大学に留学して政治学を学ぶ→（実地①）カナダの国会議員インターン→（実地②）帰国して日本の国会議員インターン

どうですか、「鉄板」でしょう？　Rさんは卒業後、外資系IT最大手のG社に勤務し、現在は外資系コンサルタント会社に転職しています。

学生の本分は勉強です。アルバイトやサークルでは、がんばったことのコンセプトとしては筋違いで、できれば学問に絡めたいところです。でも学問だけでは小さいです。そこからいかに留学とか、インターンシップとか、スケールの大きいところにつなげられるかということになります。

コンセプトのアイデアの種はなんでもいいのです。発想が面白いと人事部の目を引きます。

たとえば、「水」なんていうのはどうでしょうか。「水」というのは理系でも文系でも重要なテーマです。河川の汚染という環境問題という切り口にもなります。あるいは、「おいしい水」というコンセプトとすれば、日本名水百選を全部巡ったというのも売りになります。あるいは、世界最長の河川5つ（ナイル、アマゾン、長江、ミシシッピ、エニセイ）を全部訪れれば、日本人の学生でだれも行ったことがないものとなります。ナイル川のように河川の多くは国にまたがっているので、国際紛争問題の火種にもなります。国際関係論と組み合わせてコンセプトをつくることも可能です。奇抜ですし、学究的ですよね。

繰り返しますが、アルバイトやサークルは無駄、と言っているのではありません。両方とも有意義だとは思いますが、大学時代にがんばったこととしては弱く、それ以外で一貫したものを作り上げましょうと言っているのです。ぜひ、面白いテーマを見つけて行動に移してください。

RULE 10

「好きなこと」と性格的相性は別物！

将来の仕事として「最高の自分」を見つけてほしいと申し上げました。仕事をどのくらい「好き」になれるのかという点に触れていきます。「好き」なものを職業にできたら最高の人生ですよね。「好きなもの」を見つけるのが、究極の「自分探し」でもあります。ここでは、「RULE 06」で触れた「自分探し」を、より深く考えてもらいます。「好きなもの」には、企業名とか、企業の大きさとか、人気とかは関係ありません。多少給料は少なくても、つまらない仕事をするよりいいかもしれませんものね。ところがこの「自分探し」が難しいのです。

①「好きなもの」が見つかるのか？
②「好きなもの」を将来の職業に落とし込めるのか？

という問題が存在するからです。

物事を「好き」になる理由には3つあります。

第一に、「**性に合っている**」ことです。「性に合う」とは、性格的に合っているということですね。

性格というのは脳内で働いているホルモンなどの脳内伝達物質の多い少ないでだいたい決まっているものです。とくに重要なのが、男性ホルモンの**テストステロン**、新しいものを求める脳内伝達物質である**ドーパミン**です。

大まかにいえば、テストステロンが多い人（男女ともにあります）は、空間能力に優れ、合理的思考をしますので、ビジネスの世界で成功するタイプです。ただしチームワークが必要な場面では不向きです。

他方、テストステロンが少ないと争いごとを嫌い、チームに対して「和」を重んじるのですが、優柔不断でリーダーシップには劣るといった短所もあります。

このように自分のホルモンの分泌量が、行動形態に影響を与えるのです。

脳内伝達物質のドーパミンは、断新性、冒険性を規定するものです。「危険をかえりみない傾向、衝動性、旺盛なエネルギー、好奇心、創造性、楽観主義、情熱、精神的な柔軟性」を決めるもので、容易な言葉で言うと、**ドーパミンが多いと、アウトドア派になり、少ないとインドア派になります。**スポーツやバンジージャンプや新しいことに挑戦する人をアウトドア派、読書や音楽鑑賞を好むといったインドア派に分類するとわかりやすいです。仕事でいうとドーパミンの多い人は営業が得意、少ない人はデスクワークに向いていますね。

体内に存在するテストステロンやドーパミンの量と仕事が一致すると「性に合う」となり、一致しないと「性に合わない」となります。

たとえば、テストステロンやドーパミンが多い人が公務員や銀行員になったりすると、「性に合わない」となります。公務員や銀行員の仕事というのは保守的でミスを犯さないということが基本となるからです。

テストステロンが少ないとチームで我を張ったりしませんし、ドーパミンが少ないとインドア派になりますので、派手さを必要としない公務員や銀行員の仕事は「性が合う」ことになります。

他方、広告代理店やテレビ局といった社交性を強く求められる職業においては、テストステロンやドーパミンが多い人のほうがいいでしょう。確かにマスコミ関係の人はイケイケの人が多いですからね。

このように、持って生まれた性格で特定の仕事をしたときに、性が合ったり合わなかったりしますので、気をつけてください。この意味で「**自己分析**」**が不可欠**です。自分はだれなのか、どんな性格なのか、どのような仕事であればストレスが少ないのか等々、自分で自分を分析しなければなりません。

第二に「好き」を醸成する重要な点は、「得意」であることです。他人より秀でると、「得意」となり、もっと一所懸命やろうとします。ピラミッドの頂点をめざそうとします。校内で一番になったら、地方大会の優勝をめざし、次は全国大会の優勝をねらい、全国大会が達成されたら世界一になりたいと思うものです。「好き」という気持ちは、他人より秀でることによって醸成されるのです。

第三に、「得意」の過程で生じるものですが、「他人からほめられる」ことも大切な要素です。ほめられると「うれしい」ですからね。脳内伝達物質のドーパミンがどっと放出されます。そうすると至福感を味わうことができます。幸福と思ったら、もっと味わいたいと思い、さらにがんばることになります。さらにがんばるとまたほめられるといったような「正のスパイラル」に入ります。このようなスパイラルが形成されると「好き」は継続されることになります。

ただし、**「好き」を仕事として行なうには、「プロへの道があること」、「生計が立てられること」が不可欠です。**縄跳びが大好きで世界チャンピオンになったからといって、縄跳びのプロとして生計を立ててゆくことはできません。あやとりや石蹴りも、プロというものがありません。他方、歌を歌うのが好き、花を栽培するのが好き、書道が好き、洋服をつくるのが好き、フランス料理が好き、というものは、プロの道があり、奥が深くて、飽きることなく、一生かかってやり遂げるものとすることが可能です。「好き」を選ぶときは常に卒業後のビジョンを見据えてもらいたいものです。**たった一度の人生ですから、「好き」なことを仕事にしてください。**一日には24時間ありますが、通常は8時間を睡眠、8時間を仕事、残りの8時間を通勤通学、余暇等に使います。22歳から70歳まで働くとすると、仕事をしている期間は48年間あり、そのうち16年間を眠りに使い、最後の余暇に16年間というのは、どんな人生であろうとさほど変わるものではありません。最も変わるのが、仕事に使う16年間です。この期間を、「好き」なものに没頭するのか、つまらないと思いつつ仕事をするのかで、人生に大きな開きが出てくるものです。

人生は一度しかありません。「嫌い」より「好き」を選び、「不幸」より「幸せ」、「不満足」より「満足」を選択すべきだと思うのですが、いかがでしょうか?

100%「好き」は無理かもしれない。だけど、良いところと悪いところを総合して、トータルで好きの部分をいかに100%に近くするかで、生きざまが決定されます。ぜひ「好きな道」を見つけて、選択してください。

RULE 11 大学時代の勉強で求められることって？

さて、大枠の大学4年間の道筋がわかったところで、現実の大学生活に戻って考えてみましょう。

大学とは、小学校から高校までの12年間の後に、さらに4年間の専門の勉強を行なうところです。将来に向けたインプット期間ですね。

高校までは、科目でいうと、国語、数学、理科、社会、英語、芸術、体育の7つが主なものです。科目は異なっても、必要とされる能力というのは、理解力、分析力、暗記力、読解力、忍耐力といったものになります。

おのおのの科目には試験があり、大学受験でも大学が指定した科目の試験がありますので、その試験中心の勉強となります。おおむね、理解力と暗記力が求められるので、みなさんのような大学に合格した人は、この2つの分野では卓越した能力があります。

大学時代から求められること

他方、高校時代とは異なり、大学では学ぶものも求められる能力も異なってきます。

まず、学ぶ分野ですが、大学で一般的な分類方法としては、

①物理、化学、数学といった「自然科学」
②政治学、経済学、心理学といった「社会科学」
③語学、芸術、文学といった「人文科学」
④さらに医学、法学、建築学といった専門職分野

の4つに大別されます。

一つ目の「**自然科学**」というのは、自然界における法則の発見ですね。絶対的な真理の探究です。1プラス1＝2というものです。答えは原則として一つしかありません。理学部、工学部といった学部に所属している学生が自然科学を専門的に学びます。

二つ目の「**社会科学**」とは、自然あるいは人間が作り出した社会環境内における人間の行動に関する分野です。人間の行動の分析といっても、政治の分野なら政治学、経済の分野が経済学、意思決定に関するものなら心理学といったように、環境によって異なる人間の行動と結果を研究する学術分野です。一つの真理を見つけようとしても答えがいくつも出てきてしまうという、答えがあってないような学問でもあります。たとえば、「日本の消費税率は何％にすべきか？」の答えは0％から無限にあるわけで、消費税率に絶対的な答えが存在するというものではありません。

三つ目の「**人文科学**」とは、科学であるかどうか定義によるものですが、人間が作り出したものの研究ととらえることができます。芸術もそうですし、歴史もそうですし、言語もこの範疇に入ります。

四つ目は、前記3つに重複する点も多々あるのですが、**現実の仕事に直結した学術分野**です。医者という職業に直結した医学、法曹界の仕事に関係する法学といったものが挙げられます。

大学生から求められる新しいスキル

高校時代に学んだ分野も高度な知識を要求されるものでしたが、大学ではさらに細分化されて、最先端の知識に近づいていきます。そのために、暗記力や理解力だけでは十分でなくなります。そのかわりに、分野によって多少の軽重はあるものの、**プレゼン力、交渉力（説得力）、合理的思考能力、分析力、創造力といったものが重要になってきます**。

たとえば、先ほどの「消費税率は何％にすべきか？」という国家政策ですが、税率を大学生10人が決めることができると仮定すると、どんな能力が必要か見えてくるはずです。わが国では民主主義を採用し、意思決定は多数決が原則なので、この場合、6人の仲間をつくれば自由に決められるということです。すると、税金問題に精通している人、説得力がある人、交渉が得意な人、声の大きい人、(泣き)脅したりすかしたりするのが得意な人が意思決定に影響力がある人ということになり、単に税金の知識を持っているだけでは交渉には勝てない、不十分だということになります。「コミュニケーション能力」、「プレゼン力」、「交渉力」、「指導力」等といったものが大人の世界では必要になっているのです。そういった能力を磨く場所として、大学が存在します。大学生以降では、暗記力だけでは力不足、相手を圧倒するプレゼン力等が必要になってくることを、ぜひ自覚してください。

学部を間違った！ と思ったらどうする？

なお、学部の選択を間違ったと思った学生……。18歳で決めた学部には間違いもあります。本当に場違いと思ったら、転部という選択肢がありますので、学部事務所で詳しく訊いてください。

ただ、人生の次のステップを考えるにあたっては、それほど心配する必要はありません。基本的な技能はどの学部でも教えますし、コミュニケーション能力やプレゼン力の養成についても、学問分野が異なるだけで、基本的に不可欠との認識はすべての学部が持っているはずですから、そのための訓練をしてくれます。どの内容で養成するのかの違いであって、やり方の違いはありません。

RULE 12 アルバイトは自分発見のチャンス！

自分の得意分野、「売り」をつくるという話をしてきました。それでもまだ何をしたらよいのかわからないというみなさんには、アルバイトによる「消去法」をお勧めします。

お小遣いがもらえないからアルバイトをしてお金を稼ぐという発想から、**アルバイトを通じて将来を考える**という発想に転換するのです。

はじめに、アルバイトの意義を知っておきましょう。アルバイトをすることによって少なくとも3つの利点があります。そのために大学時代にはアルバイトを経験してもらいたいです。

第一に、アルバイトというのは大人の世界の入り口に入ったということです。働けば、当然、時給という形でお金を稼ぐことができます。**人生初めての食料獲得の一歩を踏み出したということです**。高給の仕事もあれば、薄給の仕事もあります。仕事には職種によって支払われる給料が違うのだということを身をもって体験できます。薄給より高給が良いと実感できます。つまらない仕事より、やりがいのある仕事のほうがいいと思うようになります。

他方、ビジネスの世界ですから、みなさんをアルバイトとして雇用する側がお金儲けをしている現実を知ります。お客さんがいて、お金が支払われて、そのお金によって、アルバイト代につながってゆくプロセスを知ります。良質で安価なモノとサービスを提供できるならば、より多くの顧客を獲得でき、その反対に質が悪いモノとサービスは人気がなくなり、会社を維持できないという、厳しい市場経済メカニズムを実地で知ることができます。この競争原理を実体験できることは有意義です。

第二に、アルバイトというのは何百種類、何千種類とありますので、**どの職種が自分に合っているのかを試す**ということになります。身体を使うものか（建設現場）、頭を使うものか（家庭教師）、接客が必要なものか（飲食業）、どれが自分にふさわしいかを見つけることができます。

アルバイトを通じて、仕事の内容との性格的な相性を体験してゆくことができます。何が自分に合っていて、何がダメなのか……。**ダメだと思ったら、さっさと辞めてしまってもいいでしょう。**消去法ですね。それがアルバイトの良いところです。無責任と思われようが構いません。時給単位で働いている以上、利己的に行動すべきです。せっかくのチャンスですので、一つのアルバイトに固執することなく、できる限り多くのアルバイトを体験して、自分にとって最良の仕事を見つける手段にしてもらいたいものです。

第三に、人とのかかわり合いです。大学の授業に出席するだけでは、同じ大学の同じ学部生しか知り合うことができません。アルバイトをすると、**普段出会えない人に出会うチャンスがあります。**カフェのチェーン店で働けば、他大学の学生と知り合うことでしょう。工事現場で働けば、農家の出稼ぎの方々がいますので、第二次産業ばかりでなく、第一次産業の実態もわかるようになります。アパレル関係のアルバイトであれば、接客が得意な人と下手な人の違いを知ることができますね。

大学という交際自由な世界では、嫌いな人とは交わらなくてもいいのですが、大学を卒業して、社会に出て仕事をするということは、性格的に合う・合わないにかかわらず、赤の他人と一日何時間も一緒にいなければならないということです。性格的に合う人と仕事をする楽しさ、性格が合わない人と仕事をする苦痛の両方が存在することを、お金をもらいながら実地体験できるのです。

このように、アルバイトにはメリットが多々あります。ぜひ経験していただきたいものです。しかし、やりすぎるのもよくありません。一日長時間アルバイトをすると大学生の本分とは本末転倒になってしまい、成績が悪くなるとか、単位を落とすということもしょっちゅうあります。

アルバイトはあくまでもお小遣い稼ぎ程度であって、限度を超すようなことがあってはなりません。ただし、学費や生活費を自分で工面しなければならない場合は、この限りではありません。

RULE 13

友だち関係には3段階ある

恋人になりたいときには、それなりの儀式があるようです。「好きです。付き合ってください」といったように。

他方、**友だち関係には、恋人関係とは異なり、儀式がありません。**「友だちになってください」とは言いませんものね。友だちとは「つくる」ものではなくて、「なっているもの」です。その友だちになっている関係を、なにげに「友だち」と呼んでいるようです。

若い頃、とくに高校や大学という場所においては、友だちという存在が重要なので、まずは「友だちとは何か？」について知ってもらいたいと思います。逆に言うといったん就職して、仕事が忙しかったり、恋人ができたり結婚をしたりすると、友だちというものの存在が遠くなって、新しい友だちもできにくくなります。ですから、大学生であるうちに「友だちとは何か？」について考えておきましょう。

そもそも、**友だち関係になるには、ギブアンドテイクが必要です。**ビジネスでも結婚でも同じなのですが、相手からもらうものと自分が与えるものが同程度であってはじめて関係が生まれ継続されます。カレー屋でまずいビーフカレーを3千円で売っていたら、だれも買わないでしょう。3千円にふさわしいカレーでなければなりません。結婚という関係も、お母さんが年収1億円稼ぎ、お父さんが家事もせずブラブラする関係だったら、すぐに離婚してしまうことも多いでしょう。**継続した関係にはお互いの価値にバランスした、ギブアンドテイクの関係が必要なのです。**

友だち関係にも、お互いがギブするものとテイクするものがあって、同等であることが好ましい関係です。きれいな言葉で言えば、お互いに足らないものを同程度に補完しあう関係が友だちとしてベストです。大学に入って寂しいから話す相手がほしいと二人が思えば、とりあえず話し始めます。その段階で友だち関係の第一歩目に入ったといえます。でも、それは一過性のものかもしれません。クラスで隣の席になったから、休み時間で話すことが多くなったという単純な関係です。その特定の相手がいなくなっても、それほど困らない関係です。

友だちには3種類ある

ギブアンドテイクのレベルに応じて、「友だち」には3種類あると考えられます。

第一レベルの友だちは「知り合い」というものです。クラスメイトとか、サークルのメンバーといった人たちで、友だちと呼べるかどうか微妙な関係ですが、友だちになる前に必要な「会う」行為が行なわれる関係です。ギブアンドテイクが行なわれてはいるものの、両者で交換されているものが少ないので代替がきくものです。

第二の「友だち」レベルは、ギブアンドテイクするものが高度で継続性が高いもので、お互いを十分に補完しあう関係だと「仲良し」となります。

たとえば、大学に入学したての頃は、キャンパスの右も左もわからず、科目登録の仕方もわからず、どの科目をとっていいのかもわからず、心細くなって、だれでもいいから話し相手が必要となります。そうすると、ざっと見渡して、見かけで気の合いそうな同性の人に話しかけて、とりあえずの話し相手になろうとします。

お互いが会話を交わして、お互いがお互いを必要と感じたら、この第二段階の友だちになってゆくのです。あくまでも、お互い足らないものを補足しあえるかどうかが友だち関係を継続できるかどうかの基準になります。たとえば、友だちになると以下のことをしますが、二人の間にメリットが存在していることが前提となっています。

・「一緒にいて楽しい」

→とは、お互いが楽しいと感じなければならず、一人では味わえないか、別の人では味わえない楽しさがあることが前提。

・「**相談にのってくれる**」

↓とは、相談をする時間が相手にあり、相談に耳を傾ける意思があり、かつ相談の答えが相談者の望むものであることが前提。

・「**一緒に映画（ショッピング）に行く**」

↓とは、一人で行くより二人でいったほうが楽しいとお互いが感じて、映画の好みが同じで、同じ時間に行けることが前提。

・「**一緒に試験勉強をする**」

↓とは、二人で勉強するほうがお互いに足らない部分を補完しあえることができ、成績が上がるという前提。

このように、お互いに同じようなメリットが存在していてはじめて第二段階の友だちになります。もし一方にメリットが存在して、他方にはなかったら、後者には友だち関係を継続する意味がありません。徐々に距離をとって別れて、もっと有益な別の人と友だち関係になろうとします。メリットが二人にとって大きく、お互いがいないと存在しえないような関係になると、「仲良し」となります。

「仲良し」が度を越して大きいと第三段階である「親友」になります。たとえば、高校時代にスポーツ関係のクラブに所属していて、3年間ずっと一緒に練習し、試合に出て、ある程度の成績を収めた場合に、部員同士で親友という関係に発展することがあります。3年間ずっと一緒にいることで、継続性が保たれ、試合という明確な勝負が存在して、相手チームという敵が存在して、しばしば勝つということが必要です。負けてばかりいると連帯感は生まれませんし、負けた理由を自分以外の人や環境のせいにしますので、「親友」を作り出すためには、ある程度の勝利が必要になってくるものです。

「親友」という状態であっても、お互いが必要であり、補完しあうということが前提です。自分にメリットがないと親友を継続できません。常に「見返り」を求めるものですから。ただし、短期的な見返りは求めないというのが親友です。親友とは長い友だち関係ですから、いずれ自分が困ったときにリターンが返ってくるので、短期的なメリットの交換は求めないのです。

たとえば、第二段階の友だちレベルでは、「ノート貸してよ」と言われたら、「なんで?」と聞き返したり、「いいよ、その代わり、明日のお昼、ごちそうしてよ」と言ったりするのですが、「親友」となると、「ノート貸してよ」に対して、単に「いいよ」と言うだけです。その場その場での見返りは必要ない関係ということです。

友だちが少ないのはどうしてか？

友だちの多い少ないは、前記のような交換するものが多いか少ないかで決まってきます。ギブできるものが少ないと友だちが少ないです。暗い性格だったり、言葉での表現が得意ではなかったり、ネガティブ思考だったり、試験に使えるノートをとっていなかったり、器量の狭い性格だったりするとあまり友だち関係になろうとはしません。他方、明るい性格だったり、話好きだったり、ポジティブ思考だったり、素敵なノートをとっていたり、器量の大きい性格だったりする人なら「魅力的な人間」となりますから、友だちになろうとします。この意味で、**「友だちは自分を映す鏡」**ですね。友だちがほしかったら、相手がほしがるもの、交換できるものを増やしましょう。

また、よく議論になるものに「男女間の友だち関係は成立するのか？」というものがあります。端的に言うと、男子の立場からは成立しません、女子からすれば成立するのかもしれません。**男子にとって、女子は常に恋愛の対象です**。必ずしも恋愛だけではない女子からすれば、男子は友だちの対象になります。したがって一方がなれないと感じている以上、第一段階の友だちにはなれても、第二段階以上の友だちにはなれないと思うべきです。

RULE 14

サークルはどれくらいがんばるもの？

サークルというのは、共通の趣味を共有したいと願う学生の集団です。

大学にはクラスというものがありません。科目を選ぶために、科目ごとに学生が違います。せいぜい語学の授業が同じといったところでしょうか。語学の授業でも、高校生のときのように毎日一緒にいるというわけではありません。ですから、考えようによっては、大学とは「孤独」になる可能性が高い場所です。

その意味で、**サークルは、自分の「ニッチ（居場所）」をつくり、繰り返し会える人をつくるところ**です。第一段階の友だちを簡単につくれるところであり、うまくいけば第二段階以上の友だちや親友をつくることも可能です。

また学部を越えて存在するので、授業以外の友だちをつくることができます。多様性ある人々の集団ですね。とくに高校時代に「帰宅組」だった人には、チームの一員になりたいという欲求が強いので、サークルに所属してニッチをつくるのもいいかもしれません。

サークルの数は大学の規模と正比例の関係にあります。たとえば早稲田大学には数千のサークルが存在しています。大学公認のサークルと、学生が金銭的にも自主運営しているサークルがあり、数の上では後者のほうが圧倒的に多いです。

サークルの存続は入学当初に行なわれる勧誘がどの程度うまくいくかに依存しています。4月のリクルートでサークルの命運が決定されるものですから、入学式前後では、勧誘のパンフレット、新歓コンパの勧誘でキャンパス中ごった返すという光景がどの大学でも見られます。

サークルは、自分の興味や必要性に合わせて選ぶべきです。入学当初はとりあえず複数のサークルをかけもちして、雰囲気が自分に合うかどうかで篩《ふるい》にかけるのが合理的です。入るのも辞めるのも自由なのが、サークルの良いところです。

どの程度没頭するかは、個人の自由です。演劇サークルに入り、没頭するがあまり、大学を中退して演劇界に入っていく学生もいますし、一部のテニスサークルのように、男女の出会いの場所としての機能を優先するものもあります。サークルの種類が千差万別のように、みなさんが参加する目的もさまざまであっていいはずです。サークルに取り組む姿勢に温度差がありますので、熱意の低い学生はなじめなかったり、どうしてそんなに熱心にできるのかと先輩をいぶかしがったり、共同作業がなんでこんなに多いのだと疑問を呈したりする場合も出てきます。

所詮、趣味が同じというだけでつながっている集団ですから、性格的に合わない人もいますし、関わり方にも強弱があります。深く考えずに、嫌だったら辞めて、自分が新しくサークルをつくればいいのだというふうに考えておきましょう。

ただし、繰り返しますが、サークルでの活動は、就職活動における「大学時代がんばったこと」にはならず、「売り」にはならないです。趣味の範囲の活動ですから、どんなに人間関係が濃かろうが薄かろうが、どんなにリーダーシップを発揮する場面があろうが、あくまでも人生の本線から考えると、副次的な活動です。この点は、アルバイトと同じで、**サークルやアルバイトは「がんばる」ものであっても、他人にアピールできるほどのものではないこと**、という自覚が必要です。

この落とし穴は、多くの大学生が繰り返し抱えてきた問題です。この本を読むことで、落とし穴にはまらないことを期待しています。

RULE 15

コミュニケーション能力を伸ばす

高校までの授業は原則的につまらないです。大胆な発言ですね。でも、つまらないです。指導要領で決められた事項をカバーして、大学受験に合格させることを目的としている高校の授業は、詰め込み型、暗記型だからです。それでもおもしろいと感じた学生には、すばらしい素質があります。つまらない中に楽しみを見つける才能は、たいしたものです。

さて、大学の授業の中には、高校と同じような形式の授業もあります。とくに大学2年生までの教養科目では、受講者数が多いので、どうしても一方的な授業になりがちです。

ところが、3年生以上の専門科目やゼミ形式の授業になると、いわゆるプレゼンテーション形式の授業が多くなり、**より広い意味のコミュニケーション能力が求められてきます。**高校まで暗記力が求められてきたのに、大学生になった途端、急にコミュニケーション能力、プレゼン力を養成しなければならないと言われても、困惑してしまいますよね。

そもそも「コミュニケーション能力」って何でしょうか？「プレゼン力」っていうのもよくわかりません。コミュニケーションやプレゼンテーションですから、話す側と聞く側の両方が存在するということです。同じ内容を他者に伝えるときに、上手に伝わる場合と下手な場合があります。上手な場合には、コミュニケーション能力が高い、プレゼン力があるということになります。下手な場合には、低いとなります。上手・下手がある以上、みなさんにはぜひ上手になってもらいたいものです。

内容よりもまず見た目!?

ここでひとつ、みなさんに伝えたいのが、**「話す内容よりも、まずは見た目や第一印象のほうが大切である」**という法則です。

たとえば、もしあなたが大学の授業を選択する場合。

- 身なりもちゃんとしていて、背筋がまっすぐ伸びており、話し方もハキハキとしていて声が聞き取りやすい教授
- 身なりはいい加減で髪はぼさぼさ、姿勢は悪く、話し方にいたっては何を言っているか聞き取れないくらいボソボソ話す教授

の2人がいるとします。このとき、聞き手であるあなたの印象はどうでしょうか？　もし、2人がまったく同じ内容の授業をしていたとしても、あなたは前者の言うことに耳を傾けるのではないで

しょうか。

このことからわかるのは、人が相手を判断するとき、訴える内容ではなくて、どのくらいの見栄えの良さで、どのような声でものごとを言うかによって判断しているということです。

つまり、見かけや話し方もたいへん重要であるということです。普段の会話にしろ、授業でのプレゼンにしろ、就職活動の面接にしろ、人物を評価する場合は、内容より見かけ第一なのです。

どうぞ、授業でプレゼンしなければならないことがあったら、それなりに着飾って、自信たっぷりで、大きな声で、聴衆の目を見ながら、慌てることなく落ち着いて、堂々とプレゼンしてください。多少の内容の悪さはごまかせるものです。

さらにこのプレゼン能力・コミュニケーション能力を実践で鍛えられるのが、不特定多数の人を相手にするアルバイトや、一人の相手とじっくり話さなければならない恋愛の場面です。大学外の場所でも、しっかり鍛えてください。

論理的な話し方の4つのポイント

とはいっても、内容も重要。大多数の学生はコミュニケーション能力の意味を理解しておらず、能力が著しく欠如しているからです。そのようなトレーニングを高校時代にしてこなかったのですから、無理な話です。

そこで、次の点に気をつけて話してみてください。これができると、コミュニケーション能力は格段に上昇します。

(1) 結論を先に述べる

まずは結論ありきです。文章でも同じですが、先に結論を言ってから、理由の数を示し、おのおのの理由を述べるというのが論理的な話し方です。たとえば「(わたくしは) その意見に賛成です。理由は3つあります。一つ目は～」といったような話し方です。日本人特有の「起承転結」の話し方というのは最悪です。どうして起承転結のようなものが一般的だったのか理解に苦しみますが、文章にしろ会話にしろ、必要なのは「結」と「承」であり、残り2つの「起」と「転」は必要ありません。

(2) 曖昧な表現は避ける

「ちょっと」、「ほとんど」の他に、「少し」、「かなり」、「たくさん」、「ときどき」、「しばしば」といった表現は曖昧で、使ってはいけません。自分の伝えたいメッセージがいかに相手にそのまま伝わるかを考えてほしいものです。そのためには、主観的な表現は排除して、できるだけ客観的データを使いましょう。

（3）「5W1H」を明確にする

5W1Hとは、「いつ（when）、どこで（where）、だれが（who）、何を（what）、なぜ（why）、どのようにして（how）」という基本情報です。この6つのポイントを押さえて話すと、会話の受け手は正確なイメージを持つことが可能となります。

（4）自分の弱みを見せない

大学生の中には自分の弱点をことさら述べて、許してもらおうとする人がいます。「緊張していてうまくできないかもしれませんが、がんばります」とか、「その点についてはよく調べていませんが、～だと思います」といったような表現です。なぜプレゼンの前から「負け」を認めてしまうのでしょうか。緊張しないプレゼンはありませんし、うまくできたかどうかの評価は自分で決めるものではありません。せっかくのプレゼンをいきなり「負け」から入ったら、それでゲームオーバーです。弱いところは隠して、強いところを強調する、これ、プレゼンの鉄則です。

RULE 16 社会のルール&マナーを知る

世の中にはルールというものがあります。法律で決められたルールと、法律ではないけれども守るべきルールの2種類があります。前者に違反すると罰則が与えられます。罰金だったり禁固刑だったり、罪の大小によって罰則が異なります。スポーツにもルールがありますが、ルールに違反すると罰則がありますよね。

法律に書かれていないルールで守るべきは、「**マナー**」とか「**礼儀作法**」とか呼ばれています。マナーの悪さや礼儀作法の悪さには明確な罰則はありませんが、世の中の人々を敵に回す、というしっぺ返しが待っています。むしろこちらのほうが恐ろしい場合があります。法律違反は警察に通報することで解決が図られますが、マナー違反はだれも止めることができません。マナーが悪い人から静かに去ってゆくだけです。「いつのまにかだれも相手にしてくれなくなった、でも理由がわからない」ということになります。

たとえば、ぜひ知ってほしいマナーとして「**ほうれんそう**」というものがあります。会社組織のような上下関係が存在する場所では、不可欠なマナーです。上司に対して「報告、連絡、相談」は必ずすべきものですが、その3つを指して「ほうれんそう」と呼んでいます。

若者はそのようなマナーや礼儀作法に無頓着です。人生経験が少なく、親が「しつけ」をしなくなったことが一因でもあります。そのためにマナーや礼儀作法の悪さが引き起こす怖さも知らないようです。子どもでしたら、「子どもだから仕方がないね」で許してもらえますが、**大学生以降では、マナーや礼儀の善し悪しが致命的になる場合もあります。**マナーが悪いとは他人に迷惑をかけているということですから、知らず知らずのうちに、だれも友だちがいなくなったということもあります。ぜひマナー、礼儀作法をしっかり学んでおきましょう。

明るく挨拶するだけで人間関係がどんどん良くなる

「おはよう」、「さようなら」、「こんばんは」といった挨拶には人間関係を潤滑にする効果があります。私たちは日々意識しないのですが、「他人と出会う」ということは、友好の可能性も敵対する可能性もあります。こちらは敵対意識を持っていませんよと宣言するのが笑顔で明るい挨拶です。多少不機嫌でも、「おはようございます」の挨拶は明るく元気よく行ないたいものです。

機嫌が良い悪いは自分の心にあるもので、自分が不機嫌だからといって、他人に悪影響を与えてはいけません。良いことは伝染してもいいですが、悪いことは伝染させないのがマナーです。

日本人なら箸のマナーはしっかりしよう

箸の持ち方を知らない人たちが増えてきました。日本人は箸で食事をする慣習を持つ数少ない民族。その日本人が箸を上手に使えないのは嘆かわしい現実です。箸を正しく使えるかどうかで知性教養が問われるところです。

その上で、返し箸、迷い箸、渡し箸、寄せ箸、重ね箸といった悪いマナーをしないということが求められます。

料理によって違うマナーを知ろう

テーブルマナーとは食事に関する作法で、各国で培われたものです。たとえば、フランス料理店でシャンパングラスをガチンと触れ合わせて「乾杯」とやる人がいますが、グラスは繊細なものなので、接触させるのは好ましくありません。

またイタリア料理店で、パスタを音をたてて食べる人、パスタをかみ切って残りを皿に戻す人、スプーンを使ってパスタを巻く人がいますが、どれもマナー違反です。

このように、料理によって作法が異なるのですが、大学生以降になると徐々に外食が増えてゆき、覚えるべき作法の量も増えてゆきます。食事をしながらのデートというのは頻繁に行なわれるものですので、失敗しないためにも食事の作法の本を買って、事前チェックしておきたいものです。**テーブルマナーの善し悪しは、恋愛の場面では致命的。**マナーの悪さが生理的嫌悪感を引き起こしうまくいかなくなった、というのはしばしば耳にします。食事の場面ではマナー以上の作法があって、たとえば、食事の内容に合わせてワインの銘柄を選ぶとか、デザートという言葉を料理によって使い分けるとかいったことができないと、恥をかくことになります（なお、デザートは英語、イタリア語ではドルチェ、フランス語ではデセールと言います）。このようなことは、大学の授業では習いませんが、大切な知識です。

そのほかにも、公共の場所でのマナーを忘れない（優先席での携帯電話の使用等は厳禁）、感謝の気持ちを忘れない（「ありがとう」の大切さ）等ありますが、基本は他人が嫌がることはしない、他人に喜ばれることをする、ということです。徐々に素敵な大人になっていけるといいですね。

RULE 17 SNSを正しく使う

SNS（ソーシャルネットワークサービス）は、現代の大学生に不可欠な他者とかかわる手段です。すでに中学、高校時代から使用してきたとは思いますが、代表的なものは、LINE、Facebook、Instagram、X（旧Twitter）でしょうか。

SNSは2000年代前半に日本にも登場したのですが、最近では他人と「つながる」という意味で、私たちの生活に必須のツールとなりました。

なにしろ、無料である、伝達速度が早い、遠距離を乗り越えられる、写真や動画を含むさまざまな情報を交換できるといったメリットがあります。2011年の東日本大震災や2016年の熊本地震などでは、家族や友だちと連絡が取れて安否が確認できたといったように、人と人とのつながりを確認する連絡手段として役に立っています。

このような連絡手段のほかに、SNSによってつながり、そこで親しくなって、実際に会ったことのある人は、2人に1人いると言われていますので（株式会社マンダム調べ）、新しい友だちを開拓するという意味でも重要になってきています。さらにはマッチングアプリを使って出会い、恋愛をして結婚に至ったというケースも多々ありますので、恋愛・結婚にも不可欠となってきました。

このように、大学生である以上、**SNSとは必要なもの、上手に付き合ってゆくべきもの**と言えます。ただし、便利ではありますが、デメリットもたくさんあり、たとえば、ストレスの原因になる、人に会う必要がなくなる、個人情報が流出するといったものですが、そのためにSNSの使用にあたってはそれなりのルールがあるので覚えておいてください。

最初に述べておきますが、授業中の携帯電話の使用は禁止です。授業は教員の講義を受ける場であり、つながりの時間ではありません。講義がどんなにつまらないと思っても、自ら登録して受講している以上、しっかり授業は聞きましょう。

第2に、ネットの世界はバーチャルであるということです。リアルではありません。**バーチャルの世界に入りすぎると、実際のコミュニケーション能力が低下してしまいます**ので、気をつける必要があります。

これを端的に表しているのが「メディア接触時間」の推移です。テレビ、ラジオ、新聞、雑誌、PC、タブレット端末、携帯電話・スマホに使っている総時間をメディア接触時間と呼んでいますが、近年、バーチャルの世界に入り込んでいる時間が男女平均で7時間24分にもなっています（2

023年、株式会社博報堂DYメディアパートナーズ調べ)。2013年では5時間53分だったので、10年の間に91分も長くなったことになります。

これでは、リアルな対人関係に支障をきたします。メディアに接触している時間は基本的には一人でいる時間なので、あまり長くバーチャルの世界に入ってしまうと、視線耐性が劣り、コミュニケーション能力が低下し、リアルの世界に適応できなくなってしまいます。ですから、現実の世界では、より一層コミュニケーション能力を磨く努力をする必要があります。

第3に、SNSの情報のやりとりですが、自分の個人情報を発信しつつ、他人の情報を得るといった形になっています。したがって、そこには、発信した相手には知ってほしいがそれ以外の他人には知られてほしくないといった情報も含まれています。また、SNSで得た情報をどのように処理するかが重要で、拡散されたくない場合は、自分が発信する情報も、相手からもらった情報も慎重に扱うべきです。逆に言えば、どんなに親しい間柄であっても流出してほしくない情報をSNSで流すことは控えるべきです。

つまり**「自分が言われて嫌なことは発信しない」というルールも守るべき**です。いったん発信してしまうと、即時性や保存性の高さから、簡単に引っ込めることができません。一時の感情にまかせて発信すると取りかえしのつかないトラブルを招くことになってしまうので十分に気をつけてください。とくに、自分の秘密、恋愛に関する内容、アルバイト先の誹謗中傷、他人に対する批判は発信しないようにすべきです。

その他の悪影響についても知っておく必要があります。たとえば、東京都のスマートフォン等の利用等に関する調査によると、行動への影響としては「勉強に集中できなくなった」（23・3％）、「親子間の会話が減った」（15・9％）、健康状態への影響としては「視力の低下」（26・2％）、「睡眠不足・不眠」（21・3％）といったように、多方面に悪影響が出ています。

というわけで、SNSは大学生にとって不可欠なツールですが、その扱いはくれぐれも慎重にし、SNSのデメリットはなるべく排除していただきたいものです。

UNITS
人生の基本原則
大学生活を充実させるテクニック
恋愛の基本原則
五感的魅力と恋愛
普遍的実践ルール

RULE 18

女子学生の歴史的変遷を知っておく

「RULE 18」と次の「RULE 19」では女子に特化した話をします。読者の半数は女子ですし、男子が人生を変える必要性より女子が人生を変える必要性のほうが、21世紀では求められているからです。男性優位社会から男女平等な社会に転換しつつある状況では、女子が歴史的転換を十分に理解しておかないと、思い切った行動をとれないで、尻込みをしてしまいますからね。

昔に比べれば、**女子のみなさんはたいへん恵まれた時代に生きています。**大学進学率からすると、1955年では女子の進学率はたったの2・4％でした。1970年でもまだ6・5％、進学率が飛躍的に上昇するのは1990年代の後半になってからで、1995年で22・9％（男子40・7％）、2000年で31・5％（男子47・5％）。現在では、おおよそ51％（男子57％）となっています。

女子の場合、短期大学（短大）に入学する学生が1995年までは4年制大学よりも多かった（24・6％）のですが、その後急激に減少して、現在では7％程度です。女子の短大入学者と4年制大学入学者を合計すると、男子の4年生大学への入学者の数字とほぼ同じになっています。

社会における男女というジェンダーによる差別はなくなりつつありますが、それは同時に女子も男子と同じ教育レベルが求められているということです。

福沢諭吉は『学問のすゝめ』の中で「天は人の上に人をつくらず、人の下に人をつくらず」と述べています。みなさんはこの言葉を聞いて、人はみな平等なんだと思ったはずです。**しかし、福沢諭吉が言いたかったのは、その後にくる「されども～」から始まる文です。**「天は～」は導入部分なのです。

「されども、今広くこの人間世界を見渡すに、かしこき人あり、おろかなる人あり、貧しきもあり、富めるもあり、貴人もあり、下人もありて、その有様雲と泥との相違あるに似たるはなんぞや。」

私たちの違いを「雲」と「泥」といった比喩を使ってしまうのですからすごいですね。どうして前記のような差があるのかと問うているのですが、福沢の答えは、賢い人と愚かな人との違いは「学ぶと学ばざるとによりてできるものなり」としています。しっかり「勉強しなさい」ということですね。賢人、貴人、お金持ちになりたかったら、学問をしなさいと「すゝめ」ているのです。

強みをどうつくる？

今の時代は、女子も、男子と同じように高度な学問を学び、卒業後は男子と同じように就職して、同じように重要な仕事を任され、将来はそれなりの地位に就いていかなければならないのです。これが21世紀に生きる女子への時代的要請です。

したがって、**自分の「売り」をつくるという発想は、女子も行なわなければなりません。**

男女平等をはき違えない！

ただし、男女の平等を勘違いしている人もいると思いますので、「女性の品格」を大切にしてもらいたいと願っています。

たとえば、男女平等とは、女子が、男子が使うような汚い言葉を使うということではありません。聴覚情報として男言葉、女言葉というのは厳然として存在しますので、**男言葉はなるべく排除すべきです。**

また、性別を問わず「やばい」とか「バカじゃね〜」とか言う学生を見かけますが、大人としての品格を持ってもらいたいです。さらに、化粧をする場合は肌の手入れも重要になってきます。メイク落としのクレンジングはつややかな肌を保つのに不可欠ですし、洗顔、入浴後の肌のケア、鼻の黒ずみ対策、冷えむくみ対策、しわ・しみ・にきびケアもしっかりしたいものです。

RULE 19

21世紀型女子の生き方を知る

この「RULE 19」では、女子の生き方をしっかりと学んでもらいます。**女子には大きく4つの人生の選択肢があります。** 図表1-4のように、縦軸に子ども、横軸にキャリアの有無をとった場合、2×2の4つの人生パターンがあります。

キャリア ＼ 子ども	積まない	積む
持たない	ケース①	ケース②
持つ	ケース③	ケース④

▲ 図表1-4 女子の生き方の4パターン

ケース① ノンキャリア、未婚の人生

ケース①は、キャリアも積まず、結婚もしない選択肢をとった場合です。仕事をしないと生きていけませんので、会社勤めはするものの一般職として就職するか、あるいは契約社員やフリーターとして働くかの二つの場合で、恋愛の場面では生涯未婚の選択肢となります。実際に大学時代を適当に過ごしていると、このパターンに陥る場合が少なくありません。とくに就活氷河期の時代で就職口に困ったり、私生活では出不精を理由に恋愛の機会をつくらなかったりすると、このケースになるようです。

ケース② 結婚・子どもよりもキャリアをめざす人生

ケース②は、一昔前のテレビドラマで登場した独身「アラサー」「アラフォー」で、仕事を中心に生きて、結婚しない女性です。ビジネススキルを磨くには時間がかかりますし、総合職としてバリバリ仕事をこなすと大きなプロジェクトを任せられる場合もあり、仕事を理由に、恋愛や結婚を選ばない人も出てきます。あるいは、恋愛を後回しにして、いつの間にか40代、50代になってしまったと嘆く場合もあります。

残念ながら、出産には適齢期というものがあり、生殖力の観点からいえば、ピークは20歳前後で

す。その後、加齢とともに徐々に卵子の数は減少してゆきます。よって、40代になってから結婚して子どもを産みたいと思ったとしても、出産、あるいは結婚そのものを諦めざるを得ないという可能性もあります（なお、40代の女性が5年以内に結婚できる確率は3％未満です）。

とくに、自分が一人で生きてゆけるような経済的余裕ができると、**相手に求める収入も自分より多くあってほしいと願い、男子に求める最低ラインも上昇してしまう**といった心理的罠（「ベースライン思考」）に陥る場合がありますので、気をつける必要があります。

ケース③ キャリアよりも家庭を重視する専業主婦型人生

仕事はするものの、結婚や出産を機に退職して、「専業主婦」になる選択肢を選んだケースです。働き続けたいという意思があっても働けないという場合もありますので、専業主婦が悪いというわけではありません。しかし、キャリアを捨てるということは、いままでの人生で積み上げてきた教育、ビジネススキルを放棄するということになります。

専業主婦に求められる資質と、大学・ビジネスで求められる資質は必ずしも一致しないので、せっかくの知性教養やビジネススキルを手放すのはもったいないです。さらに日本というマクロの視点に立てば、わが国の優秀な労働力の損失ということになりますので、このような観点からも問題です。

子育てが一段落して、自分が中年になって、「主婦の焦り」が生じてくる場合もあります。「いったい私の人生はなんだったんだろうか？」と思う瞬間があるそうです。子どもと夫のために尽くしたものの、子どもが独立し、夫への愛情も薄れているような状況で、せっかくのキャリアを手放したのは人生の選択肢として正しかったのかと疑問に思うときがあるそうです。

ケース④　キャリアも子どもも取る、21世紀型女子

「キャリア」としてビジネススキルを一生かけて積み上げてゆくとともに、自分の遺伝子を次世代につなげる子どもを産んで、一挙両得を狙う生き方です。仕事と結婚が両立しないなんて、もはや前時代的な考えです。どんなに仕事が好きだろうと、**どんなに忙しかろうが、仕事と結婚とは両立するものです。**両立しないとは、単なる思い込みです。

仕事と結婚を両立すると宣言して、賛同してくれる男子を探せば済むこと。両立を支持する男子が名乗りをあげてくれます。女子には家庭に入ってほしいと願う男子は確かにいます。しかしそれ以上に、夫婦共働きを新しい結婚の形とする男子もいます。経済的に不況であるわが国では、夫婦共働きで家計をやりくりすることに魅力を感じる男子のほうが多いはずです。

「20世紀型恋愛」の常識から自由になろう！

仕事か結婚かどちらかという二者択一の時代は20世紀型恋愛、「昭和の恋愛」です。まだ法整備が十分ではなく、男社会のビジネスにおいて成功していくのが難しい時代でしたら、両立は難しかったでしょう。しかし、今は21世紀なのです。

日本国全体を考えれば、女性がキャリアと子どもを両立させることがどれだけ重要であるかがわかります。**一方でかかえる少子化問題、他方でかかえる経済問題。両方を同時に解決できるのは、女性が両方をとった場合です。**せっかく積み上げてきたビジネススキルを結婚して家庭に入り失ってしまうのは、日本国としての損失です。

他方、自分の子どもを持ちたいと思うならば、その人間本来の欲求も満たしてこそです。初潮が始まってからずっと苦労してきたわけですから。

RULE 20 本をたくさん読もう

既述したとおり、大学生にはたくさんの自由時間があります。人生のうち、これほど自由時間のある時期はありません。その時間をSNSばかりに使う（「RULE 17」参照）のはもったいないです。そこで、「RULE 20」として、ぜひお勧めしたいのが「**本を読む**」という行為です。

本の起源をさかのぼると古代エジプトや古代中国に行き着きますが、本が広く普及するようになったのは、15世紀にグーテンベルクが活版印刷に成功したことによります。その後、本の主流は写本から印刷本になり、本の大量生産が可能となったのでした。

グーグル社によれば、フェルミ推定（実際に正確に調査することが困難な変数を、傍証を手掛かりに論理的に推論して概算する方法）として、現在までに少なくとも1億3千万冊以上という本が出版されたということです。わが国でも、毎年7万冊以上が新刊として出版されています。

ぜんぶ読めとは決して言いませんが、できる限り多くの本を読むという習慣を身につけてほしいものです。

ところが、全国大学生協連合会の調査によれば、「読書をする」という大学生の平均読書時間は

1日あたり約33分です。実に少ないですよね。読書量がゼロと回答した学生は46％もいます。これは由々しき問題です。本をまったく読まない大学生はどうやって単位を取得しているのか不思議に思ってしまいます。

どうやら、本を読む人とまったく読まない人の二極化が進んでいるようですが、みなさんには本を読む側の学生になってもらいたいのです。

「RULE 20」では、本を読むメリットを指摘することで、みなさんに本を読むすばらしさを知ってもらいたいです。

最大のメリットはなんといっても、人生を深く考えることができる点です。先達はどのような人生を生きてきたかを実際に会うことがなくても知ることができるのです。

たとえば、私の人生に最も強い影響を与えた本は、ウィーン国立歌劇場やボストン交響楽団の音楽監督を務めたカリスマ指揮者、小澤征爾さんが書いた『ボクの音楽武者修行』（新潮文庫・1962年初版）という本です。

小澤さんはテストステロンが多い男性で、それゆえの豪快さ・豪傑さ・破天荒さが随所に垣間見ることができる作品で、読み進むにつれて私の血が騒ぎ、自分も小澤さんのようにデッカイことをしたいという衝動に駆られました。この本を読んだ当時、私は外資系の銀行に勤務していましたが、本に触発されてまもなく仕事を辞めてしまい、小澤さんが指揮者として活躍するボストンの大学院に留学してしまったのでした。

このように、本で知った他人の人生の生きざまは、自分自身の人生を変えてしまうほどの影響力があります。良い本との出会いは、良い先生、あるいは親しい友だちができるのと同じ効果があるということです。ぜひ、そのようなすばらしい本に出合ってもらいたいものです。

第2のメリットとしては、**深い専門知識を得ることができる点**です。専門知識は専門書を読まないと得ることができません。インターネットに流布している知識は浅いもの、不確かなもので、専門的に一分野を深く学ぼうとしても不可能です。

学生のみなさんが最も専門知識を必要とする場面は卒業論文（卒論あるいはゼミ論）を書くときでしょう。一つのテーマを決めて、参考文献を読み、データを集めて、論文に仕上げてゆくものですが、そのときにたくさんの本を読まなければなりません。テーマによっては指導教授よりも多くの知識を得なければなりませんが、その知識を提供してくれるのが本なのです。卒業論文を書かなくても卒業できる大学もあるようですが、卒業論文を書けば、学生のみが味わえる達成感を得ることができるでしょう。

第3のメリットとしては、**速読の習慣が身につく**ということです。これからの人生で、文字に接する機会は急激に増えてゆきます。とくに社会人や大学院生になると、報告書、学術論文、参考書といった類のものをたくさん読む必要性が出てきます。そのような場面ではいかに早く読みこなし、内容を把握するかが重要となってきます。場合によっては飛ばし読みも必要です。大学時代に速読の仕方を習得していれば、将来、ライバルに先んじ、上司の覚えもめでたくなります。読めば読むほど、語彙力がアップし、国語力が上昇するので、ますます速読のスキルが上昇してゆくのです。

せっかくですから「マンガ」についてもひとこと。マンガは日本の文化の重要な一要素となりました。マンガを否定するようなことは決してしません。むしろマンガも積極的に読んでみることをお薦めします。

マンガが新しいものという認識があるかと思いますが、実はわが国での歴史は古く、平安時代末期の作品とも言われる「鳥獣人物戯画」が最古です（なお、日本最古の物語は平安時代前期の「竹取物語」です）。ですからマンガには少なくとも800年以上の歴史があるのです。

本とマンガの基本的な違いは、作成者の意図を文字だけで描くのが本、文字と絵の両方で描くのがマンガということになろうかと思います。各々の芸術表現の違いとして捉えるべきもので、本が良くてマンガがダメというものではありません。確かに本の場合は読み手によってとらえ方が異なるので、想像力がより多くかき立てられるという側面があります。ただ、その想像したものが作者の意図とは異なる勝手な想像の場合もあり、一概に想像力を働かせるのが良いとは言えないと私は思います。

マンガの中でもぜひお薦めしたいのは、マンガによって知識が増えてゆくものです。単なる時間つぶしのツールとしてのマンガでは、本当の意味で役に立ちません。**大学生として読むからには、知識・教養が身につくようなマンガにしてみてはいかがでしょうか。**

たとえば、栄養学系の学部に入学したら、栄養学全般に精通することが不可欠ですが、専門書だけではドライ過ぎて興味が持てない場合もあるかと思います。そこで、「食」に関するマンガがたくさん出版されているので、マンガを補助教材として使ってみるのも良いかもしれません。

PART 2

恋愛編

「恋愛」について徹底的に考える

UNITS

- ☐ 人生の基本原則
- ☐ 大学生活を充実させるテクニック
- ☑ 恋愛の基本原則
- ☑ 五感的魅力と恋愛
- ☐ 普遍的実践ルール

「恋愛」について徹底的に考える

ＰＡＲＴ２は「恋愛編」、『「恋愛」について徹底的に考える』です。ＰＡＲＴ１の『自分らしい生き方を徹底的に考える』が食料獲得なら、ＰＡＲＴ２の『「恋愛」について徹底的に考える』は異性獲得に関しての学習です。

食料獲得については、小学校から大学までさまざまな角度から教えてくれます。国語、算数、社会、理科、体育、芸術、すべて食料獲得に関するもので、生き延びるのに必要な知識です。大学の授業も食料獲得のための手段です。ところが、異性獲得については、授業で教えてくれませんし、教科書にも書かれていません。教えてくれないどころか、高校までは恋愛禁止みたいな風潮さえありますので、恋愛がしたい、結婚したいと願っても、その仕方を知りません。せいぜい保健体育の時間に生殖に関わる機能を教えられた程度でしょうか。異性獲得に関する主な知識は授業の合間にエロ本を読むとか、インターネットでいかがわしいサイトを覗くとか、その程度のことでしか知識を吸収できないのです。おまけにそれも「性」に関するものばかりで、最も基本となる恋愛のメカニズムとか、モテの方法について知ることはありません。

「どうやったら子どもが生まれる」とか「避妊はどうやったらいいの」も大切なことですが、まず知っておきたいことは、「どうやったら将来性のある素敵な相手を獲得できるのか？」や「どうやったら相手をくどいて相思相愛にもっていけるか」といったことでしょう。このPART 2【恋愛編】では、恋愛は行なうべきもの、がんばるもの、という前提でお話しします。なお、PART 2ではおもに男女間の恋愛について論じていきますが、恋愛のあり方は多様であり、それらを否定する意図はありません。

◆

PART 2の後半は「五感的魅力を磨く」がテーマです。五感的魅力をアップさせて、モテ力を上昇させましょう。しばしば「恋愛は第六感」（直感、インスピレーション、ひらめき等々）といいます。これ、違いますね。恋愛に至る過程では「五感」を使って相手を吟味しているのです。五感的に合格だと「好き」になり、失格だと「嫌い」になります。ほとんどの場合、「なんとも思わない」なのですがね。

五感とは、視覚、聴覚、嗅覚、触覚、味覚です。相手を自分にふさわしいか確かめる道具です。また、相手も同じように五感によってあなたを確かめています。自分が吟味すると同時に相手も吟味をします。お互いがふるいにかける道具として五感が存在しているのです。ということはモテたいと思ったら……。五感的魅力を底上げする！　ということです。みなさんの現在の魅力度を100点満点中50点とすると、五感的魅力を底上げできれば、60点にも80点にもなることが可能ということです。いまのままでは50点ですから、50点の相手とつり合います。それが80点になれば、80点の相手を獲得できることになります。

五感的魅力の底上げが「モテ」の基本中の基本です。PART 2後半以降、一つひとつ解説してゆきますので、しっかり学んでください。

RULE 21 恋愛を「科学的に」学ぶ

私は2008年から2021年まで早稲田大学で「恋愛学入門」という講座を設け、大学生に「恋愛学®」や「結婚学®」を教えていました。1年生から4年生までの大学生を対象に週一回の講義として開講していましたが、早稲田大学で最も人気のあった講座の一つで、受講希望者は千人を超えるときもありました。また、「恋愛学」を提唱して、テレビや雑誌等にしばしば登場しているので、観ていただいた方もいらっしゃるはずです。

「恋愛学」とは、一言でいえば、人間の恋愛に関して科学的に研究する学問のことです。たとえば、

◎どうして人間は恋をするの？（動物としてのヒトの恋愛のメカニズム）

◎好きな人と相思相愛になるにはどうしたらいいの？（モテ術）

◎結婚をする場合だれといつすればいいの？（結婚市場における戦略）

といったテーマについて学ぶものですが、この本では【恋愛編】としてわかりやすい言葉で、大学生のみなさんのために解説します。

PART 2【恋愛編】の目的の一つは、**人間の恋愛を科学的に解き明かすことによって、みなさんの恋愛に役立てていただくことです。**恋愛の仕組みやモテる方法をしっかり勉強して、より良い恋をしてください。恋愛対策を勉強してください。大学入試に試験対策があったように。

ただし、ここで解説する「恋愛学」は大学生の恋愛であって、大人（社会人）の恋愛とは異なるということを知る必要があります。**高校生と大学生の恋愛はほぼ同じですが、大人とは異なります。**なぜ違うかというと、前者の社会環境はほぼ同じですが、大人のそれとは大きく違うからです。

最も大きな社会環境的違いは、【人生編】で指摘したとおり、「大人は自分の力でお金を稼いでいる」という点です。お父さんにしてもお母さんにしても、働いてお金を稼いでいて、そのお金で、家族の食事代を出したり、光熱費を払ったり、家賃や家のローンを払ったりしています。みなさんはほとんどの場合「扶養家族」です。しかしながら、両親から扶養されているにもかかわらず、身体が大人になりつつあるために恋愛をしてしまう……、この点が大学生の恋愛の難しいところです。

「大学生の恋愛はどうあるべきか？」という問いの答えは難しく、大人も答えられないです。両親にとってみれば、健全な恋愛は歓迎するけれども、恋愛にのめり込むのは避けてほしいと思っています。恋愛熱が高じすぎて勉強がおろそかになるとか、大学を中退して働き始めるとか、親に恋愛を反対されて駆け落ちしてしまうとか（古風ですね）は、勘弁してほしいと願っています。そういった親の願いは、扶養されている限り、叶えてあげるべきです。

私が推奨する恋愛形態は、あくまで「大学生としての恋愛」で、大人の恋愛の練習という意味合いで考えてもらいたいです。将来にわたって、何回、何十回と恋愛が可能です。インプット期間中である大学在学中の恋愛で、自分の一生を賭けるのは、リスクが高すぎると思いませんか。

なお、繰り返しますが、恋愛の現象は科学的に解明することが可能です。なのに、科学的ではない恋愛術が巷《ちまた》にはあふれかえっています。たとえば、占いや血液型診断に科学的根拠はありません。知性ある大学生のみなさんなら決して信じないようにしていただきたいものです。

とくに女子。**女子は男子に比べて、セロトニンという脳内伝達物質が少ないため、占いなどを信じてしまいやすいです。**セロトニンが足らないと不安になりやすく、不安を解消するために「何か頼れるもの」を欲することになります。そのために、非科学的な占いにはまったり、運命を信じたり、ブランド志向になったりするものです。こうしたセロトニン不足は、食事によって改善できます。肉や魚、乳製品等、タンパク質を含む食材にありますので、栄養のバランスを考えて、偏食せず、過度のダイエットはやめて、食生活を大切にしましょう。

RULE 22 「恋愛とは何か？」を知る

人を好きになることを「恋愛感情」が生じたと言います。それでは「恋愛感情」とは何でしょうか？　人を好きになると、初期段階として、次のようなことが起こります。

・その人の行動がいちいち気になる
・その人のことをずっと「想う」ようになる
・その人と話してみたいと思う
・その人のことを考えると胸がドキドキしたり、ときめいたりする
・その人と実際に会うと、さらに胸がドキドキして、しっかり話せない
・その人が自分以外の競争相手と話していると、不安になる
・その人と手をつなぎたいと思うようになる

このような気持ちになることを、片思いといいますが、早い人では幼稚園のときに淡い片思いの感情を抱く子もいます。みなさんも、幼稚園や小学生のときにすでに淡い片思いを抱いたことがあるのではないでしょうか？　あの子のことが気になるとか、あの子と手をつないだとか、気になる

から逆にいじわるをしたとか冷たくしたとか……。幼い頃の恋愛は屈折しているので、自分が好きという現実をストレートに表現することが難しい場合があります。

片思いの恋愛をやめよう

片思いは非効率的な恋愛です。大学生レベルでは積極的に勧められる恋愛形態ではありません。なぜかというと、片思いを抱くと好きになった人を美化するからです。人間には良いところもあれば悪いところもあるものですが、片思いの相手は良いところしか見えなくなってしまいます。必要以上に相手のことが素敵に思えてしまう。たとえば、くさいオナラなんかしません、本当はだれでもしますが。性格も優しいです、本当はいじわるなところもあるけれど。完全無欠に思えてしまうところが、片思いの良くないところです。

不等号で表すと、

片思い相手の魅力＞あなたの魅力

ですね。

こんな形で相手を美化していると、際限なく好きなままでいることができます。完璧な相手をつくり上げているわけですから、恋愛感情は長持ちします。中学校3年間ずっと一人の人が好きだったとか、高校に入ってからずっと思い続けているということはしばしばあることです。

できれば、片思いを成就して、相思相愛になりたいものです。しかし、告白して、フラれでもしたら、ショックで立ち直れないかもしれません。傷ついて泣くくらいだったら、片思いのままのほうがいいと思ってしまう心理も理解できます。

片思いでいるか、告白するかは数式で表すことができるのですよ。恋愛における難しい意思決定も単純に表現することが可能です。告白のアルゴリズムで表現すると、

※告白の意思決定＝（告白して成功する確率）×「相思相愛後の利得」−（告白して失敗する確率）×「フラれたときのダメージ」

となります。右記の計算式がプラスになれば告白し、マイナスになれば告白しない、と意思決定を行ないます。右記の計算式に、冷静に数字を当てはめれば、自分のすべきことが見えてきますね。

いまは片思いを選択したとしても、このまま一生片思いだらけで、両思いがないということはありません。大人になる過程のいつかの時点で、片思いから、どちらかが勇気を出して両思いになる転機があります。大学時代は自由に恋愛できる時期、必ずチャンスが到来します。

大学に入学する前にもそのような転機がいくつかあったのですが、その一つが男女の身体的な変化が起こる小学校低学年から中学校時代でした。ここからは保健体育の話になりますので、心の準備をして読んでください。

男女の恋愛感情の転機は小学校低学年から中学校と述べましたが、男女差と個人差があるためにこのような書き方になりました。女子の場合は10歳～14歳に経験する初潮の後から、恋愛感情が本格的にわいてきます。初潮とは、いまから子どもを産める身体になりました、ということです。

男子の場合は10歳～18歳ごろに射精を経験します。こちらも女子を妊娠させる能力がつきましたとの身体的メッセージで、本格的な恋愛が可能となる年齢です。「大人の恋愛」が現実的にほのかに見えてくる年齢です。

生殖力のピークという観点からは、明治時代以前のように、20代前に結婚して、子どもを産むというのが理想です。現代のように平均初婚年齢が30歳前後というのは、身体的には好ましい状況ではありません。しかし、人生のインプットの期間である教育が大学卒業までに16年間あることを踏まえると、晩婚化は不可避です。生物としての人間と教育を受ける人間との間に齟齬《そご》が生じているのが現代社会です。**身体的には大人なので恋愛や結婚ができる態勢が整っている自分と、社会的には結婚して子どもをもうけるには不十分であるというギャップが存在するがゆえに、悩むのです。**

ここで、私からのメッセージは、こうです。

「大学在学中に、大いに恋愛はしましょう。身体が大人なのですから、我慢するのは不健康です。でも、結婚や出産は、卒業後の楽しみにしておきましょう。また恋愛の帰結として、肉体関係になったとしても、避妊はしっかりしておきましょう。」

恋愛について知っておいてほしいのは、自分が好きで相手も同じくらい好きだというのが相思相愛ですが、**相思相愛になったからといって結婚に直接結びつくというわけではないということです。**数学的にいえば、相思相愛は結婚の必要条件であるが十分条件ではない、ということになります。結婚するのに好きであることは必要だけれども、好きだからといって結婚に必ずしもつながるものではない、という意味です。

大学生には財政的に結婚生活を営むことは難しいです。大学を中退して働くとしても、20歳そこそこでは、安定的に稼ぐことができる仕事を得ることは困難です。大学はとにかく卒業して、定職に就いてから結婚でも決して遅くありません。なにしろ人生90年と考えると、23歳で結婚しても、まだ67年ありますから。

RULE 23 恋愛感情はどうやって生まれるの?

さらに、保健体育の講義は続きます。次は生物という大枠からみた人間の恋愛の話です。なにしろ「恋愛」って、すべての動物が経験するものですから。他の動物には「恋愛」ではなく「発情」なんていう用語を使いますが、動物に対して失礼ですよね。

「RULE 03」で述べたように、人間はいわゆる有性生殖の動物です。有性生殖とは、オスとメスがいるということです。その反対が無性生殖。無性生殖にはオスもメスもいません。バクテリアのような無性生殖は、細胞が自分で分裂して、増殖してゆきます。子孫を残す方法の一つです。

有性生殖の場合には、勝手に分裂しません。その代わりにオスとメスが惹きあって、繁殖行為をすることによって、増殖してゆきます。こちらも子孫を残す方法です。子孫がどんどん増える方法を進化の過程で2種類作り上げていったということです。

人間を含むほ乳類は有性生殖です。オスとメスがいて、お互いを惹き合わせる方法があります。その方法が「恋愛」というものです。ですから、どんな有性生殖にも恋愛をさせる(子どもをつくらせる）メカニズムというのが存在します。たとえばクジャクの場合は、大きな羽根の美しさや左右対称性や鳴き声でモテるとかモテないが決まります。マウスの場合はお互いの体臭がモテの一因です。ゾウアザラシの場合は、オス同士がケンカをして勝ったオスがメスを独占しますから、モテ力はケンカの強さということになります。人間の場合も同じ。クジャクの羽根に相当する顔や体型の見かけがモテにつながったり、体臭というのも重要になったり、ケンカに勝つだけの力強さというのもモテにつながります。モテるためにはいろいろな方法があるようです。

動物の場合はオスとメスと呼びますが、人間は男と女といいます。本書では「男子」と「女子」というふうに呼んでいます。同じ動物なのに呼び方が異なりますが、基本的には人間もオスとメスです。男女が惹きあって、繁殖行為（「セックス」とか「H」とか呼びますが、本書では「性行為」といいます）を行なうことによって、赤ちゃんが生まれます。

相手はだれでも良いというわけではありません。みなさんもだれでも良いとは思わないでしょう。特別な相手ではなくてはなりません。その特別な相手に対して抱く感情を「恋愛感情」と呼んでいるのです。恋愛感情とは、究極的には繁殖行為である性行為を行なわせ、子どもを産むための感情というふうに定義することができるのです。

恋愛感情は、遺伝子レベルで身体の中にプログラムされたもので、素敵な異性と出会うと作動するものなのですが、異性ならだれに対してでも作動するというわけではなくて、**「自分との間に素敵な子どもが生まれるに違いない」と思える人に対してのみ作動する**ものです。この人との間に子どもを産みたいなどと意識はしませんが、無意識というか潜在意識のレベルで、そのような気持ちが起こっているということです。

では、どうやって、子どもをつくるかといえば、「RULE 03」で述べたように、男女ともにふだんおしっこをするあたりを繁殖用に短期的に変換させて、精子と卵子を合体させることによって、子どもができます。男子の場合には、だいたい毎時間五百万個以上の精子が睾丸で生産されていて、いつでも放出可能です。その半面、女子の場合は、排卵期にのみ妊娠することが可能です。

恋愛に関して知っておかなければならない生物学的な知識は以上です。まだまだあるのですが、詳しく説明しすぎて、恋愛そのものに興味がなくなってしまっては困りますものね。これくらいで十分でしょう。ただここで強調したい点は、私たち人間は、動物の一種である、ですから生物としての魅力（五感的な魅力）は、重要であるということです。さらに近年それだけでは十分ではなく、年収とか地位とかいった社会的な条件も考慮に入れます。恋愛や結婚への意思決定は、昔と比べると難しいようになっています。

RULE 24 恋愛は利己的なもの

「恋愛」という字は「恋」と「愛」からできていますが、「恋」と「愛」とは定義として異なるのではっきりさせておきますね。

恋するというのは、相手を好きという感情、愛するとは、自己犠牲（相手のために自分を犠牲にすること）を伴う感情です。恋愛学の観点から言うと、恋愛感情とは「恋」のことです。「愛」とは自己犠牲を前提にした相手を思いやる気持ちであるため、通常は血縁関係のある人には存在しますが、赤の他人には与えないもので、与えたとしてもごく稀で、持続可能であるかというと、なかなか難しいです。

恋愛は、利己的な取引!

恋愛とは、たいへん身勝手な行為、利己的な行為であるというふうに理解したほうがいいです。

利己的な行為というのが悪いというわけでは決してありません。利己的な行為であるからこそ、恋愛が人間界でうまく機能しています。アダム・スミスが「国富論」で述べているように、モノやサービスを売り買いする市場経済活動が、自己利益の追求で成り立っているのと同じです。私たち人間は利己的に相手を選り好みした結果、進化する部分があるのです。売れない商品がお店のディスプレイから消えて、売れる商品は長い間陳列されるのと似ています。

そうです、**恋愛とは自分の資産価値を基にした男女間の「物々交換」といえます。**自分自身が商品で、それを相手に売るということです。自分も相手から、相手という商品を買おうとします。この意味で、お互いがお互いを売ったり買ったりするので、物々交換をしていることになります。当然のように、自分を高く売りたいし、恋人としてはなるべく高い商品、つまり素敵な相手を買おうとします。このように売ったり買ったりする過程の原則になっているのが、恋愛は利己的な行為である、ということです。

たとえば、相手の気持ちを考えて、相手のために自分ができることをしてあげるということ、たとえばサンドイッチを作ってピクニックに行くとか、バレンタインデーにチョコレートをあげる等の行為は、リターンとして、相手の恋愛感情を買おうとしていることになります。相手が気に入る行為をするということは、あくまでも自己中心的な気持ちが前提です。ですから、逆に言うと、「自分の愛が足らない」とか、「自分が相手のためにしてあげられない」と心配したり、不安に思ったりする必要はありません。

恋愛とは、お互いを所有しあう行為でもあります。好きになると、ずっと一緒にいたいと思うようになりますが、それは当然な気持ちで、会えないからさびしいと思うのも当然です。相思相愛の男女はお互いを精神的・物理的に束縛しあっている関係ともいえます。でもお互いの束縛の程度が異なると、一方が束縛されるのは嫌とか、もっと自由になりたいとか、一人でいる時間がほしいという気持ちになったりもするので、どの程度お互いを所有しあうのかはケースバイケースで考えるべき点です。相手が嫌がっているのに、自分の欲求を満たすために束縛しようとするのは、正しい姿ではありません。

ここでの要点をまとめます。

①恋愛は利己的行為です。どうぞ自分のために恋愛をしてください。自己犠牲のためではありません。

②恋愛とはギブ・アンド・テイク。友だち関係と同じ構造をしています。お互いの商品を交換しあう行為ということです。

③お互いに交換しあうものがないと、恋愛はうまくいきません。あなたが、相手に与えることができるもの、つまり「売り」は何ですか？

RULE 25

女子は「恋愛＝結婚」、男子は「恋愛≠結婚」と考えている

恋愛とは生殖に至らせるためのもの、最終的には、「性行為」に行き着いてしまうと述べました。性行為は男女に快楽を付随させますが、目的は子どもを産むということです。大学生は必ず避妊具をつけて性行為をすべきですが、「できちゃった婚」が全婚姻の4分の1である事実を踏まえると、避妊しないで性行為をする男女が実に多いということです（ある調査会社の調べでは、一回目の性行為でコンドームを装着する男子は全体の54％に過ぎません）。

恋愛というのは、女子にとっては、リスクが高いものです。もし恋愛の過程で性行為をし、妊娠してしまったら、どうでもよい男子（失礼！）の遺伝子を50％持つ子どもを、生命の危険を冒して出産し、最悪の場合には一人で育てていくことになります。そんなことになったら人生がたいへんなことになってしまいます。

他方、男子は出産をしませんから、失うものといえば、再生産可能な何億という精子だけです。失うものの質量が圧倒的に女子に不利になっているのです。

したがって、**恋愛というのは、失うものが少ない男子が、失うものが多い女子に積極的に求愛し、女子は恋愛に保守的に対応するという構図となります**（ですから、女子から求愛の告白をしたら損なのです）。

ということは、女子にとっては、恋愛後にある結婚も視野に入れて、恋愛をしなければならないということになります。この人と付き合って、それなりの年齢になったら、結婚して子どもを産む可能性がある、そのためには、

①男子として魅力があるのか？（＝五感的魅力）

②私たち母子を養っていけるのか？（＝社会的条件）

の両方が備わっているのかを問いかけるメカニズムになっています。女子にとっての恋愛とは、「恋愛＝結婚」という思考回路なのです。

つまり、女子が男子を結婚相手として選ぶときには、五感的魅力（見かけ、おもしろさ、におい等々）も社会的条件（年収、会社名、地位等々）も両方ともほしいのです。**どちらか一方ではありません、両方です。**

他方、男子の側は、自分の身体をつかって妊娠して出産するわけではないので、女子に比べて、仕事に支障をきたす期間は短いことが多いです。ですから、ずっと働く前提で人生設計をし、社会

的地位を築くことに専心するわけです。現在、男子が相手を選ぶときには、女子に社会的条件を求める傾向になりつつあるものの、より五感的魅力に重点が置かれているようです。五感的魅力については、のちほどしっかり学んでもらいますが、「視覚」(見かけ)、「聴覚」(会話が楽しい)、「嗅覚」(体臭のにおいが素敵)、「触覚」(好きになったら手をつなぐ)、「味覚」(好きになったらキスをする)の5つの段階に分かれているもので、自分が相手を吟味し、相手が自分も吟味する恋愛のプロセスでは、必ず行なわれる審査方法です。

主に五感的魅力で恋愛相手を見つけようとする男子にとっては、恋愛が重要であって、その先の結婚は遠い先の話、ですから男子の恋愛は「恋愛≠結婚」となります。女子は「恋愛＝結婚」、男子は「恋愛≠結婚」、両者の間には、無意識のうちに、大きなバトルが繰り広げられているのです。

恋愛の先を見据えて、結婚相手としてふさわしいかどうかを探ろうとする女子、恋愛だけ、できれば性行為だけの獲得に集中しようとする男子の間の戦いです。あるいは、なるべく簡単に効率的に肉体関係に及ぼうとする男子、生殖機会を与えるという資産を簡単には渡さないぞとする女子の間の戦いともいえます。

先ほど、女子が男子を選ぶとき社会的条件も重要と述べました。ところが大学生は社会人と違って、学ぶことが目的で、お金を稼ぐことはアルバイト程度、小遣い稼ぎです。ということは、大学生同士の恋愛の場合、社会的条件は関係ないのでは？　と思うことでしょう。ところが女子はしっかり考えているのです。

たとえば、学歴からみると、中卒より高卒、高卒より大卒のほうが、社会的地位や年収といった分野では秀でるようになります。**女子は、男子の五感的魅力が同じくらいならば、学歴の高いほうの男子を選ぶことになります。**さらに、より安定して高額な年収を得られる企業への就職率は、だいたい大学受験の偏差値に比例する傾向がありますので、なるべく偏差値の高い大学の男子と付き合おうとします。したがって、偏差値の高い大学の男子は、社会的条件という面でもモテという面でも、比較的成功する学生となるようです。

RULE 26

恋愛の魅力はバランスする

男女の恋愛のメカニズムを知ってもらうためには、「**恋愛均衡説**」という最も基本にして重要な法則を知ることが不可欠です。私たちが一つの商品と考えることから始めて、恋愛や結婚とは人間（商品）同士の物々交換と理解すると、「男女の魅力はバランスする」の意味がわかります。

恋愛市場では、自分を売って相手を買うのが恋愛ですが、商品価値の高い人もいれば、低い人もいます。また、だれだって自分を安売りしたくありません。自分の価値と同等かそれ以上の相手と相思相愛になりたいと思います。するとどうなるかというと、商品価値が高い人には高い相手が、低い人には低い相手がカップルになる。たとえば、魅力度を１００点満点とすると、99点の男子には99点の女子が、40点の男子には40点の女子がカップルになるという必然性が生まれてきます。40点の男子と90点の女子が相思相愛になるということは、理論的にはありえません。

恋愛市場においては熾烈な競争を伴う市場経済メカニズムが働いているのですから、自分の「商品価値」が高ければ高いほど、高い相手を買うことができるのと同じように、「商品価値」が低いと、

UNITS
人生の基本原則
大学生活を充実させるテクニック
☑恋愛の基本原則
五感的魅力と恋愛
普遍的実践ルール

それなりの相手しか手に入れることができません。このように恋愛の場面で両者の資産価値がバランスすることを、恋愛学では**「恋愛均衡説」**と呼んでいます。

もちろん、男女の持つ資産を構成するものはさまざまです。女性の持つ資産としては、五感的魅力（視覚、聴覚、嗅覚、触覚、味覚）のうち、とくに視覚的魅力（見かけの良さ）が最もわかりやすいですが、その他にも、気立ての良さ、浮気性でないこと、健康であること、子育て上手などが挙げられます。さらに近年では、女子の経済力も重要なモテ要素になっています。他方、子どもを出産し自分の母乳を使って育てる身体的仕組みになっている女子にとっては、男子の五感的魅力の他に、収入、地位といった社会的条件や、経済的資源を安定的に供給してくれる保証（「＝優しさ」）や体力・体格に優れることが重要となります。

この考え方から、モテる方法が見えてきましたよね。「恋愛均衡説」から考えられるモテ術は、モテたかったら、自分の資産価値を上げてゆこう、となります。90点の相手がほしかったら、自分が90点になればいいのです。大学生では五感的魅力が重要なので、「ＲＵＬＥ　31〜39」の五感のルールを熟読して、モテにつなげていってもらいたいものです。

90点の相手をゲットするもう一つの方法は、【人生編】で触れた「コミュニケーション能力」、「プレゼン力」です。**実際には70点なのですが、上手なプレゼン方法で20点底上げして90点に見せる工夫ができる**ということです。価値の底上げと演出の2つ、上手に組み合わせてモテにつなげてください。

自己評価を間違うと、恋愛がうまくいかない！

恋愛均衡説において、もう一つ問題となるのは、自己評価が正しく行なわれるかどうかという点です。自分を過大評価することもあれば、過小評価する場合もあります。その誤差が恋愛を難しくさせてしまいます。

過大評価するとは、本来60点のあなたが80点だと勘違いしてしまう場合です。どのような問題が生じるかというと、たとえば70点の相手と出会ったときに、自分は80点なので、70点では自分にはふさわしくないと思ってしまい、せっかくの恋愛のチャンスを失ってしまうことが考えられます。

他方、60点のあなたが40点と思い込むことを過小評価と呼びますが、過小評価してしまうと、50点の相手との恋愛チャンスに飛びついてしまいます。自分を「安売り」してしまうということですね。当座は「安売り」していることは分かりませんが、付き合っていくうちに自己評価が正しく行なわれると、次第に相手のことが物足らなくなってきます。所詮50点の相手であると思い、恋心が満たされなくなるということです。**自分を正しく評価することが恋愛には必要になってきます。**

正しい自己評価をするために

どうやって正しい自己評価ができるのでしょうか？　正しい自己評価って難しいですよね。恋愛には需要と供給といった側面がありますので、どのくらいのレベルの相手に、どれだけ多く「好きだ」と告白されたのかということが一つの指標になります。たとえば、50点、60点、70点の相手に「好きだ」と言われたなら、あなたの魅力度は70点くらいということです。つまり、「好きだ」「付き合ってくれ」と言い寄ってくる相手の質と量が多いことが重要です。この意味でも、出会いの数は増やさなければなりません。

他方、好きになった相手が自分を好きになる確率で自己評価することもできます。70点の相手に告白したときに、ＯＫが出るかどうかで、自分の点数がわかるということです。ダメだったら、あなたの魅力度はもっと低いということになります。また、50点の相手に告白して成功したら、あなたの点数は50点くらいということになります。そのためにも、恋愛の試行錯誤が必要で、**告白しては失敗するという実践の中で、自分の魅力度を確認していくしかありません。**

恋愛の基本原則

RULE 27

恋愛における投資とリターンを知る

男子も女子も、好きになった相手と相思相愛になるために、「投資原資」というものを使い相手に投資します。**投資原資とは、お金、時間、および労力の3つ**です。

ここまで、親からの教育投資と、人生設計の中での自己投資について解説しましたが、実は、**恋愛においても投資**が必要なのです。

多くの場合、男子のほうが投資意識が強く、女子の恋心を獲得しようとがんばって投資をします。男子が女子をくどく場面を想定してみましょう。

まずお金です。たとえて言うなら、トランプゲームのポーカーやルーレットにおいてベットする（賭ける）ために使うチップが「デート代」です。チップをどのくらい所有しているかは、人によって異なります。金持ちの男子なら好きなだけチップを持てるでしょうが、収入が少ない場合にはチップもあまり持つことができません。チップの多い少ないも問題ですが、所有しているチップをだれにいくら賭けるのか（投資するのか）も重要な問題です。

どんな手（女子）が来たかで、賭け金が変わります。手（女子）に惚れ込んでしまうと、際限なくベットしてしまいます。大きく投資して、勝ってリターンがあれば（相手から好きになってもらえれば）いいですが、負けること（フラれること）も当然あり、投資額が大きいと負けた時のダメージもそれに応じて大きいです。

大学生の場合には割り勘が原則なので、お金というのは必要ないというふうに考えることもできますが、割り勘が原則であるからこそ、女子におごったりすると好感が持たれます。自分の見かけに投資するにもお金が必要ですので、お金の力を過小評価するわけにはいきません。

次に「時間」ですが、相手を口説くには時間を使うことが必要です。デートには時間がかかりますし、時として恋愛は自分のペースで進行しないので、じっくり待つ、ということも時間の範疇に入ります。とくに卒業後社会に出て、仕事が忙しく恋愛に時間を割くのが難しい人にとっては、時間というのは大きな投資になります。たとえば平日夜11時まで働く人にとって、平日のデートの約束はできませんし、休日も疲労を回復させることに専念したいと思ってしまうものです。

この点、大学生は時間の余裕がありますので、時間は問題ないですね。相手に応じてデートの候補日を選ぶことができますし、早い時間から会うことも、デートに備えて事前の準備をすることも可能です。時間でお金をカバーすることができるのです。

第3の投資は「労力」、エネルギーです。デートには神経を使いますし、交換するメッセージには細心の注意が必要です。相手のことを想ったり、次のデートのアレンジを考えたり、さらには浮気をしていないかと疑ったり、さまざまなエネルギーを使うことになります。これもまた、仕事が忙しく、仕事にエネルギーを大量に消費している人にとっては貴重な財産です。また年齢とともに消費できるエネルギーが減少してきますので、年齢的に若い人のほうが有利といえます。

どんな人でも、この3つを多少なりとも持っていますが、残念ながら無限に持っているというわけではありません。人によっては、お金は微々たるものだが、時間と労力はたくさんあるという人（大学生）もいれば、お金はあるが恋愛に使える時間とエネルギーが限られている人（たとえば医師）もいます。

このように、お金、時間、労力は投資原資ということができ、どの原資を、だれに、いつ、いくら配分するかはたいへん重要です。無闇やたらとだれにでも使うわけにはいきません。**「これは！」と思う相手に集中的に投資してリターンを求めるのが、通常の戦略です。**ハイリスク・ハイリターンもあれば、ローリスク・ローリターンもある。一ついえることは、ローリスク・ハイリターンというのは残念ながらないということです。

この3つの投資の仕方を知らなかったり、やってはみたけれどうまくいかなかったりすると、「めんどくさい」という気持ちになるかもしれません。しかし、そもそも恋愛は、初期投資に多大なコストがかかりますし、義務教育でも高等教育でも授業科目として教えてくれたわけではありませんので、慣れるまで当分の間は試行錯誤を重ねて学びとるしかないという非効率なものです。ですから、めんどくささく感じてしまいます。

でも、面倒と思ったらダメ。**面倒と思って何もしなかったら、恋愛は始まりません。**そういう人は行き着くところ、自分を大安売りして後悔するか、自分の理想とする恋人が見つからずにずっと一人ぼっちということになります。そういう人に限って、自分を正当化して「自分は恋人なんかほしくない」、「男同士でつるんでいるほうがおもしろい」、「女子会のほうが楽しい」、「一生独身でいい」というような発言をします。

恋愛・結婚を成就するためには投資があります。投資をするからリターンがある。投資をケチっているとリターンも少ないです。めんどくさがらずに、よりよい相手を探すために行動しましょう。

RULE
28

好かれやすい性格って？

恋愛とは男女の商品価値を前提にした物々交換と述べましたが、交換が行なわれる「市場」には3つあります。中期保有を原則とする「**恋愛市場**」、長期保有を原則とする「**結婚市場**」、そして短期的な関係の「**浮気市場**」の3つです。

おのおのの市場では、相手から好まれる資質が異なります。みなさんが最も興味があるのは「恋愛市場」だと思いますので、「恋愛市場」で気に入られる方法を解説します。

恋愛は、年中無休の市場の取引

「市場」という言葉は理解しにくいですが、端的にいうと、恋愛市場は、年中無休で、小さい市場がいくつも重なり合い大きな市場を形成しているイメージです。小さな恋愛市場が大学内外の至るところに散在している感じで、一つ一つの市場では参加者は少なく、流動性に乏しいといった特徴を持っています。たとえば、サークル、アルバイト先、大学の授業、合コンといったものは、おの

UNITS
人生の基本原則
大学生活を充実させるテクニック
☑恋愛の基本原則
五感的魅力と恋愛
普遍的実践ルール

の恋愛市場になりますね。時には電車の中、習いごと教室、旅行先、結婚式の披露宴が、本来の目的を離れて恋愛を実践する場所になることもあります。**人がひとかたまりになって市場を形成し、多くの場合、一人の人は複数の恋愛市場に参加している**ことになります。恋愛市場は24時間年中無休で、いつでもどこでも生じる可能性がある点を踏まえると、恋愛市場の特性を把握し、恋人探しを「戦略」としてとらえることが、重要であるといえるでしょう。

図表2－1をご覧ください。この図表は男女が相手に求める資質をランクにしたものです。「恋愛学入門」の授業の中で大学生にアンケートした結果ですので、みなさんに当てはまるものです。質問内容は「恋人として重要な資質は何ですか？」との問いに対して、30項目あまりの中から順位をつけてもらいました。そのトップ3が次ページの図表2－1です。

女子が男子に求めるものと、男子が女子に求めるものは順番が異なりますが、まったく同じですね。「性格の良さ・一致」、「包容力（心の広さ）」、「優しさ」です。一つずつ説明します。

第一に「性格の良さ」です。「性格の一致」ともいいますが、恋愛の場面でよくいわれる特徴です。あるいは「相性が良い」とか「価値観が一致している」ことが重要といいますが、多くの場合、「一緒にいて楽しい」とか、「一緒にいると安心する」とか、「一緒にいるとほっとする」という表現を

順位	女子が男子に求めるもの	男子が女子に求めるもの
1	性格の良さ・一致	優しさ
2	包容力（心の広さ）	性格の良さ・性格の一致
3	優しさ	包容力（心の広さ）

▲ 図表2-1　「恋愛市場」で好まれる資質 トップ3（見かけ等の五感的魅力を除く）

使います。相手の性格としては、暗い性格よりも明るい性格、おもしろくない人よりおもしろい人、悲観的な人より楽観的な人、つまらない人より楽しい人といったように、好む・好まれる性格は決まっています。男女の恋愛では普遍的に求められる性格というのがあるのです。

好まれる資質が事前にわかっていても、自分の性格は直せないと言われるかもしれません。しかし、「モテ」を追求するのであったら、演技力が必要です。だれだって、性格には長所短所があるものです。長所を強調し、短所は演技力でカバーするといった努力が必要です。

第二に、「包容力」です。「包容力」というのは、「心の広い人」というふうに置き換えたり、「優柔不断ではない人」とか「引っ張っていってくれる人」という意味で使ったりする場合もあります。裏を返せば、「包容力」というのは「わがままな自分を大きな心で受け止めてほしい」という意味でもあります。人間は男女ともめんどくさがり屋で、自分を変えたがらないことから「ありのままの自分を愛してほしい」と願うものです。相手に「心の広さ」を求めるのは「わがままを言っても許してくれ」と言っているのと同じです。

最近では焼き餅をやいたり、しつこくされたりするのは嫌だと言う男女が増えていますので、その意味を込めたものとも解釈されます。

第三に、「優しさ」です。「優しさ」という言葉は、誤解されやすい言葉です。とくに男子が誤解しています。まわりの人たちすべてに優しくするという意味では決してありませんので念のため。**恋愛における優しさとは、自分だけに優しくしてほしいという意味です。**知らない人に優しくするのでは浮気性と思われてしまいますし、愛されているはずの本人は嫉妬してしまうことでしょう。

男子が女子に「優しさ」を求めるのも同じことです。自分のことだけを想ってほしい、自分のことだけを好きになっていてもらいたいという意味で「優しさ」という言葉を使います。たとえば好きな女子がクラスメイトの男子に等しく優しくしたら、心穏やかではいられないはずです。他人に優しくするのはむしろ逆効果です。生物学的にヒトを見ると、すべての男女は、程度の差こそあれ、浮気性なのですが、だからこそ、浮気性でないところを見せることが重要なのです。

RULE 29

男女の脳はこんなに違う!

男女では脳の構造が違います。脳の構造の違いを知ると恋愛に役立ちます。

繰り返し述べてきているように、私たちホモ・サピエンスはアフリカで約20万年前に生まれて、その後も進化を遂げてきているのですが、最後の氷河期が終わった頃の遺伝子を、現在までずっと引きずっています。進化のスピードと人間が作り出す文明のスピードとでは、断然後者のほうが早く、進化が追いついていないのです。したがって、狩猟採集時代に最適になるように作られた遺伝子は、やや旧式といえるかもしれないのですが、なんとか文明に適応できるようにがんばっています。

男女の脳の構造が大きく違うのは、狩猟採集時代にまでさかのぼって考えるとよくわかるということになります。

男女の違いの一つに「会話」に対する姿勢があります。「男性は会話下手、女性は会話好き」とよく言われますが、実はそれは私たちの遺伝子の中にプログラムされているものです。狩猟採集時代、男子は狩りに出て獲物を仕留めるのが仕事だったので、ベラベラしゃべっていては獲物が逃げてしまいます。そのため、目的があったときにしか会話しないような脳の仕組みになっているわけですね。

他方、子育てに専念する女子は、ヘビやオオカミに襲われないように、母親同士がお互いの安全を確かめる必要があったので、無目的であっても声を出すことを必要としていたのです。それで女性は一見無意味に思われるような会話が得意というわけです。

男女ともに、お互いの脳の違いを尊重し合いましょう。男子は女子の前で無理に話をする必要はないです。**むしろ、女子のおしゃべりに上手な相槌を打つだけのほうが好感が持てます。**彼女の話に興味を持って聞いている……という意思表示をすることが大切です。男性がしゃべりすぎると、逆に「私にしゃべらせてもらえなかった」と女子はストレスがたまってしまいますので。

ホルモンの量で性格が大きく変わる！

会話の違いのみならず、男女では行動形態が異なります。そもそも性格を規定するホルモンや脳内伝達物質の量が異なるために、大きな違いがあるものなのです。

すでに、「RULE 21」で男女のセロトニンの違いについて述べました。女子のほうが少ないので不安に駆られる度合いが大きいという話でした。

「RULE 10」では、ドーパミンについて説明しました。ドーパミンとは、斬新性を求める脳内伝達物質で、多いとアウトドア派に、少ないとインドア派になると申し上げました。相性としては、アウトドア派同士、インドア派同士となりますので、**男女が仲良しになるためには、ドーパミンの量が均衡することが理想です。**女子がアウトドア派で男子がインドア派のカップルというのは成立が難しいです。

ここでは、「RULE 10」で若干述べた男性ホルモンのテストステロンに加えて、女性ホルモンのエストロゲンを詳しく学んでもらいます。

テストステロンとは、「男らしさ」を形成するホルモンで、男子の場合は睾丸から、女子は卵巣から主に分泌されます。男子が声変わりをしたり肩幅が広くなって男らしくなったりする二次性徴が小学校高学年から生じますが、原因はこのテストステロンです。

テストステロンはどのような性格をもたらすのでしょうか？　テストステロンが多いと、闘争本能や空間認知能力に優れ、高い集中力を発揮し、一人でいたい・だれにも干渉されたくないという孤独願望が多く、勝負にこだわるため負けず嫌いといった性格になります。またリーダーシップに優れ、堂々としているので、女子から見ると頼りがいがある男子となります。ただ性欲が強く、夫婦間の協力やチームワークは不得手です。どちらかといえば浮気性な男子でもあります。テストステロンがたいへん多いと理性でコントロールできなくなることもあり、犯罪をおかしたり、喧嘩したり、社会的に問題を起こしたりしてしまうこともあります[4]。

他方、テストステロンが少ないと、対極の性格になります。争いごとを嫌い、ほほえむことが多く、家族とかチームに対して仲良くできるのですが、優柔不断でリーダーシップには劣るといった短所もあります。将来はたぶん浮気はしないマイホームパパになりますが、頼りがいがないので不満に思う女子もいるかもしれません。

テストステロンは男性ホルモンですが、女子にも微量ながら存在しています。総量は少ないですが、女子の身体は繊細につくられているので少なくても影響力は大きいです。たとえば、元気の良い負けず嫌いの女子。あれは、テストステロンのなせる業です。

女性ホルモンのエストロゲンの多い少ないも性格に影響を与えます。エストロゲンは卵巣から分泌され、前述したテストステロンと同じく二次性徴を促し、丸みを帯びたからだつきや乳房の発達などといった女性らしさを作り出します。エストロゲンの多い女子は、合理思考ではなく情緒的思考になり、子どもが好きで、一人の相手を深く愛するようになります。愛情が深いがゆえに淡泊な男子からは「重い」と思われることもしばしばです。

このように、ホルモンの多い少ないによって性格が異なってしまうのです。

男女の脳の違いと恋愛について、最後に考えてもらいたい点が2つあります。

第一に、**男女の間で性格や相性がぴったり合うというのは不可能**ということです。多少なりとも自分が理想とする性格と実際の相手の性格との間には誤差が生じるのは仕方がないことです。問題はその誤差なのですが、多少の誤差でも許せる範囲の異性は、この世の中にはたくさんいるはずです。10人の異性がいれば、許容範囲にいる人は2~3人はいるのではないでしょうか。

第二に、性格というのは原則的に治すことができないにしても、前述したように、相手が求める性格というものは存在します。ですから、自分の性格がどんなものであっても、明るく、笑顔で、穏やかな人と「自分を演出する努力」が求められるということです。好きな人の前では、相手に気に入られる努力、相手が好きと思う性格を演出する努力をしてみましょう。これにより包容力（心の広さ）があると思われ、恋愛にたいへん役立つはずです。

RULE 30

どんなに好きな人でもいつかは飽きる

【人生編】では、わが国が学歴社会である事実を指摘して、みなさんに冷や水を浴びせてしまいました。この【恋愛編】でも、冷や水を浴びせさせていただきます。恋愛の難しさを指摘しておかないと、恋愛の失敗が待っているからです。

一言で言うと、恋愛感情は短命です。はかない命です。恋愛を前提にした幸せも同じ。永遠に続くことはありません。「一人の相手と一生、深く愛し続ける」というロマン、童話に出てくるような「その後は、王子様と幸せに暮らしましたとさ」といった夢物語は、実現可能ならば素敵なことですが、不可能です。人間である以上、不可能です。

永遠の恋愛が不可能というのには理由があります。

まず、**「恋愛感情」は1年半から2年くらいしか続かない**からです。実に短いですね。そもそも恋愛とは自分の商品価値をもとにした物々交換ですが、恋愛感情が生じると、相手の商品価値を過大に評価することになります。

たとえば、大卒男子の生涯年収は約3億円程度ですが、女子が男子に惚れると10億円にも20億円にも見えてしまうことになります。もちろんその逆に男子の恋愛バブルも激しく、恋愛の絶頂期では女子の資産価値をありえないくらい上昇させてしまいます。そのような恋愛バブル期は、ドキドキ感やトキメキ感を醸成させますので、どうしても心臓に負担がかかります。マラソンを一生かけてやるようなもの。マラソンを一生の間ずっと走れないのと同じように、恋愛も短命です。**残念ながら、身体は健康になろうと作用しますので、恋愛に付随するドキドキ感、トキメキ感を減らそうとしていきます。**恋愛バブルは自然消滅に向かうもの、恋愛の寿命は1年半から2年といったところです。

恋愛バブルがはじけると、相手が持っている本来価値に収れんしてゆきます。バブルでインフレになった分がなくなっても素敵な相手であれば、関係は継続されるかもしれません。「一緒にいるとほっとする」とか「性格がすごくいいんだ」とか「料理が得意なんだ」とか……。相手に与えるものがないと、恋愛バブル消滅後は別れが待っています。

第二に、「幸せ」は消費財だからです。人間関係はそもそも、経済学的には「消費財」として考えられますので、「**限界効用逓《てい》減の法則**」が当てはまります。

「限界効用逓減の法則」とは「満足度の総量は、消費すればするほど高まるけれども、その高まり方は、消費すればするほど小さくなる」というものです。

みなさんにとって、一つ目のケーキはおいしいでしょう？　のどが渇いたときの一杯目の水もおいしいです。では、二つ目のケーキは？　10個目のケーキは？　徐々に満足度は減少してゆくでしょう。「幸せ」も同じです。日々幸せと感じるでしょうが、徐々に幸せに慣れてしまい、幸せの有《あり》難味《がたみ》が少なくなってしまうものなのです。

第三に、日本人の人生は長いからです。狩猟採集時代のように、平均寿命が35歳程度ならば、短命な恋愛バブルでも問題ありませんでした。ところが、現在の日本の平均初婚年齢は30歳前後、単純計算では一夫一婦制の下で60年以上一人の配偶者をずっと愛さなければならないということになります。恋愛感情が数年程度しか続かない前提では、恋愛感情が伴わない夫婦関係を長い間維持しなければなりません。

現実に、結婚するカップルは毎年50万組、そのうち17万組が離婚しています。離婚しないけれど、別居している夫婦も多いですし、一つの家族形態は保っているけれども、寝室は別といった家庭内別居をしている夫婦も多いです。性行為を行なわないセックスレスの夫婦は50％を超えています。

一夫一婦制度の下における結婚が難しくなっているということになります。

みなさんの恋愛は例外であってほしいですが、統計的には難しいところです。どんな恋愛や結婚であれ、関係継続の秘訣は「補完」にあります。補完の重要性は「RULE 13」の友だちの項で学びました。恋人や夫婦の間も基本的にスムーズな補完、ギブアンドテイクが行なわれることが重要です。**自分にないものを相手からもらい、自分の得意なものを相手に与えてシナジー効果を期待するの**が、男女間の理想とすべき関係です。

RULE 31

第一印象をつくる「視覚」について知る

ここからは、恋愛における五感的魅力について解説します。

まずは、五感的魅力のうち、最も重要な「**視覚**」です。人は見かけで判断することが多いです。判断材料は、身長、体重、体型、顔のパーツ、顔の表情、髪型、衣服、靴といったところでしょうか。見かけの特徴としては、視覚が五感のうち最も簡単に手に入る情報です。最も簡単に手に入るにもかかわらず、相手を知る情報としてはかなり正確なものです。

したがって、恋愛ではとにかく「視覚」です。その中でも、「第一印象」が重要です。第一印象はどのくらいの時間で形成されるかご存じですか？　それがなんと**0・15秒**です。一秒の10分の1程度。一瞬にして第一印象がつくられてしまうわけです。

0・15秒の間にどこを見るかというのも問題で、ここに男女の違いがあります。被験者の目の動きが分かるようにカメラを備えつけて行なった実験では、男子は最初に女子の身体の真ん中や下半身を見るのだそうです。生殖に関して重要な部分ですね。洋服をチェックしているのではなく、実は体型なのですね。生殖力をチェックしてから、徐々に顔へと見上げていきます。

女子のほうは、身体の上部に位置する相手の顔を見るところから始まります。男子が自分の顔を徐々に上げてゆくのに比べて、女子は顔をまず見て徐々に下げてゆくことになります。

最初の第一印象がつくられた後に、次の「聴覚」に行くべきかの判断を下します。相手に話しかけるべきか、やめておくべきか。その判断に至るには、男子は12・8回の注視が平均です。他方、女子は22・5回です。男子のほうが断然少ないです。やっぱり、男子の恋愛は即断即決です。

顔と体型とどちらに比重が置かれているの？　と問われれば、男女によって異なります。

まず、女子が男子を見る場合。これは7対3の割合で、顔のほうが体型より重要と見ています。短期的な関係だろうが結婚といった長期の関係を築きたい場合だろうが、女子にとっては、男子の体型ではなく顔のほうが重要と認識しています。体型が悪いと思っている男子には朗報です。

他方、男子が女子を見る場合は、男子が女子とどのような関係を築きたいかによって分かれるとの実験結果が出ました。結婚といった長期的な関係を結びたいと思う女子には、顔のほうが重要と考えます。その比率4対1。男子が10人いたら、8人が顔、2人がプロポーションを重要と思うということです。ところが、一夜の関係といった短期的関係に興味がある場合には、顔とプロポーションは4対6と逆転する結果になりました。短期的関係では身体つきが重要になるようです。

服で見かけの比率を整える

女子の中で「見かけ」に自信がない方もいらっしゃるかもしれません。でも、問題ありません。見かけには、顔、プロポーション、衣服、髪型、顔の表情、背筋の伸ばし方などが挙げられますが、見かけは努力次第で変えることができるのです。顔は化粧で整えることができますし、プロポーションも衣服で整えることが可能です。髪型ももちろん即座に変えることができます。ということは見かけとは努力の証なのですね。見かけを重要視する男子を軽蔑するのではなくて、相手がほしがるものを提供する努力をするというのを心がけることが重要ということです。

女子の体型には「黄金比率」というものがあって、さまざまな実験から、WHR＝0・7が理想の体型ということが分かっています。腰回り（Waist）とおしり（Hip）の比率が7対10であるのが理想ということです。たとえば、ヒップが80センチの女子は56センチのウエストが理想です。現実的には0・7を達成するのは難しいですが、0・7であるように見せかけることは十分に可能です。そのために衣服を活用するのです。腰のくびれを強調するといいでしょう。

というわけで、結論としては、「見かけ」で最も気をつけることは、顔（化粧）と体型（衣服）。この2つに全神経を集中することが求められます。

UNITS
人生の基本原則
大学生活を充実させるテクニック
恋愛の基本原則
五感的魅力と恋愛
普遍的実践ルール

RULE 32

視覚の印象は毎日の心がけで変えられる

「顔」や「体型」は、男女ともに重要ではあるのですが、決して難しく考える必要はなく、いくらでも「演出」可能です。

とくに気をつけたいのは、衣服です。男子の場合には、生理的な嫌悪感を抱かせない、女子の場合には、清楚さを強調するといった基本は守りたいところです。妊娠して子どもを産まなければならない身体的構造になっている女子にとって、ばい菌は是非とも排除したい点ですので、生理的な観点から男子を判断します。

男子にとっては、生まれてくる子どもが自分の子どもである確証が100％ではないので、女子の貞淑《ていしゅく》さ、肉体的な浮気をしないことを強く求めます。ですから、女子は清楚さでアピールするのがいいのです。その中でも、バリエーションが可能で、女の子らしさをアピールしたいのなら、ワンピースやスカートなど、元気さを見せたいのなら、デニムなどのカジュアルな服装をすれば、異性に与えたい自分の印象を演出することができます。

実は女子の場合はそれほど心配していません。女子同士で繰り広げられているダイエット戦争があるため、見かけを整える努力は行なっているものです。大学の年次が上がるにつれて、衣服のバリエーションや靴の数を増やしたり、髪型を変えたり、化粧を覚えたりしていくものです。

むしろ、駄目なのが男子。見かけに無頓着な男子が多いです。よれよれのTシャツ、サイズの合っていないデニム、ボサボサの髪、汚い歯……。素敵な恋愛がしたいと思うのならば、しっかり以下を学んでください。

①「キモい」、「きたない」、「くさい」といった3Kを避けましょう。毎日お風呂に入り（シャワーを浴び）、頭髪も洗いましょう。

②髪の毛はきれいに整え、もみあげもはっきりとさせて、清潔感を出しましょう。

③鼻毛や目やにが少しでも出ていたら即アウトですので、鏡で細心の注意を。

④歯の手入れは重要なので、歯医者で定期的にクリーニングしましょう。

⑤可能であれば、歯並びを矯正しましょう。高額なので、ご両親と相談する必要がありますが、歯の矯正は投資に値するものです。歯並びの悪い人は、ぜひ実行してください。

⑥デートの当日は、「はひふへほ」（歯を磨く、ひげをしっかり剃る、ふけを取り除く、ヘアスタイルを整える、ほほえみをチェックする）を必ず励行しましょう。

男子の場合、服装の重要性も理解していません。服装も「小ぎれい」が原則です。「**スマート・カジュアル**」という言葉を覚えてください。カジュアルな服装というのは、この「スマート・カジュアル」という意味で、決してTシャツを着ていいとか、ダブダブのデニムでいいとかという意味ではありません。**デートといった特別な機会では襟《えり》のついたシャツを着るとよいでしょう。**色つきのシャツにする場合には、あまり派手でないことをお薦めします。派手だと印象が強すぎて、生理的嫌悪感を抱くリスクが出てくるのと、後々着回したときに「また同じものを着ている」とわかってしまうからです。靴も洋服に合わせて色と形状を合わせること、ピカピカに磨くことが不可欠です。女子はうつむくことが多いので、男子の足下が目に入るものです。

男女ともに、洋服代の目安を設定しておくといいかもしれません。たとえば、合計で男子は最低4万円、女子は最低5万円のものを着る、と決めてしまうのです。今日の見かけは全体でいくらかと数値目標を設定しておけば、目安となって衣服を決めやすいです。これは携帯電話や眼鏡といった必需品を除いた、洋服、靴、時計、アクセサリーの値段です。それ以下だとみすぼらしく感じてしまいます。もし7万円以上だったら、かなりの見かけの良さです。

RULE 33

大学時代は会話力を伸ばすチャンス

「視覚」はあくまでも入り口で、大学生の場合、相手を判断するときにとくに重要なのは「聴覚」、会話です。ところが、会話が苦手という男女が増えています。

一人でインターネットに使う時間が長ければ長いほど、会話能力が低下しがちです。会話能力は、男女ともにのびしろがあるところです。「聴覚」とは、必ず一方が話して、他方が聞くというプロセスとなります。相手を判断する情報としては、

①「声の大小、音色、ピッチ」といった声そのもの
②「表情、しぐさ」を交えた視覚と聴覚を組み合わせたもの
③「言葉づかい」
④「会話の内容」、相手が何を考えているかを知ることがあります。

女子は深い低音を好む

声変わりが起こるのは、だいたい11～14歳頃。男女ともに生じる変化ですが、男子のほうがより顕著に表れます。男子は、変声期を過ぎると声の高さが一オクターブほど低くなりますが、女性の声域はあまり変わらず二音半か三音、低くなります。

声質は、ホルモンの影響を表す指標にもなっています。低い声をつくるのは男性ホルモンのテストステロンですが、高い声をつくるのは女性ホルモンのエストロゲンです。そのため、声変わりをした後の男女の声の高さに大きな違いがでてきます。

女子が魅力的だと感じる男の声は、おおかた一致しています。**女子は「深くて低音な声」を好みます。**男子も女子の声に関しては「温かみがあって、優しい声」に魅力を感じるようです。逆にいうと、男子の声が高音でキーキー声だったり、小さい声でぼそぼそと話したりすると、異性に好まれません。それと同様に、太くて低音で大きな声の女性も魅力的ではないと捉えられてしまいます。

声そのものは、会話の内容、言葉づかいといったものに比べてはそれほど重要ではありません。以降に詳しく解説しましたので、**自分の声に自信がなくても、気にしなくて大丈夫です。**

話し方は言語と非言語の組み合わせ

声を通じて語られる言葉から、**「感情の動き」や「性格」などもわかります。**好きな人と会っていて楽しければ声が弾んだり、いきいきとしてきます。逆に相手がつまらないと思ったら口数が少なくなりますし、声も沈んだように小さくなります。またうそをついていたら、声が震えたり、いつも以上に大きくなったりしますので、**上手にうそをつくのは意外に難しいです。**

悲しい時、嬉しい時、怒っている時などの喜怒哀楽を表現するときは、顔の表情だけではなく、言葉で表現することもできます。その表現の仕方に性格が表れます。耳から得られる情報は、視覚情報を裏づける判断材料を提供してくれるものでもあるのです。たとえば、あなたがだれかを好きになって「好きです」と言ったときに、相手を熱い視線で見つめるのか、うつむいてしまうのかで印象が違います。**言語と非言語の上手な組み合わせというものが恋愛の場面では重要になってきます。**

初対面での会話は、「はじめまして」から入りますが、笑顔が不可欠です。人間の第一印象が0・15秒で形成されることは述べましたが、そうであるからこそ最初の笑顔が重要です。仏頂面なのか笑顔なのかで、次への会話がスムーズに流れるかどうかが決定されますので、つくり笑いでもいいですから、笑顔を心がけましょう。

基本的に、恋愛相手に気に入られるためには、一緒にいて楽しいと思わせることが重要です。素敵な話し方というのは、「暗い」より「明るい」、「つまらない」より「おもしろい」、「悲しい」より「楽しい」、「自信がない」より「自信がある」です。だったら、明るくて、おもしろくて、楽しい会話を、自信を持って行なえばいいのです。

最初は難しいと感じますが、試行錯誤を繰り返せば慣れてくるものです。

言葉づかいで知性がわかる

どんな言葉づかいをするかで、知性や教養が直接的に表れます。たとえば謝る場合の「申し訳ございません」が、男言葉では「わりぃ～」、女言葉では「許してくださいね」、ぞんざいな口のきき方では「ごめんよ」、知性のない言い方では「すいません」になるように、さまざまな表現方法があります。

また女子の口から「～じゃね？」という男子が使うような言葉を聞くのと、お嬢様言葉で「～かしら？」と言われるのとでは、相手の男性が受け取る印象は大きく違ってきてしまいます。

「言葉づかい」にも「きれい」対「汚い」、「厳しい」対「優しい」、「軽い」対「丁寧」、「上手」対「下手」があります。見かけが整っていても、話す言葉が汚ければ生まれや育ち、知性までもが知れてしまいます。素敵に自己表現していただきたいものです。

会話で教養レベルがわかる

知的なことを話題にするのか（たとえばクラシック音楽の話）、俗っぽいことを話題にするのか（テレビのバラエティ番組の話）など、無限の選択肢の中からどれを選んで何を話題にするのかで、相手の価値観を知ることができます。

難しい単語を用いて、論理的に話すことができる人であれば、知性の高い相手から尊敬を得られるでしょうが、自分が興味を持っている学問の話（たとえば相対性理論の話）やマニアックな趣味の話（フィギュア、アニメなど）は、ほどほどにしたほうがいいでしょう。一歩間違えれば、知識をひけらかしているか自慢しているようにしか聞こえません。**趣味の話は、相手と趣味が合えばいいですが、合わなければ退屈なだけです。**

たとえば、二人でカフェに入ってカレーパンを注文したとします。通常はおいしいとかまずいとか、辛いとか甘いとかといった味覚に関するコメントで終わってしまいます。知性・教養があれば「カレーパンの起源って知ってる？」とか「カレーパンのおいしい作り方があるんだよ」といった会話になり、カレーパンをいただくという何気ない行為に奥行きの深さが出てきます。[6]

お互いがお互いの知性や教養のレベルのバランスがとれることが必要ですので、双方向であるといいですね。たとえば「カレーパンの起源って知ってる?」に対して、「そんなの知ってたって、つまんなくない?」と言われたら、そこで会話は終わってしまいますからね。

私たちは言葉を持っているから、自分の過去、現在、未来を語ることができるのです。好きな人に「ずっと前から好きだった」と告白することもできるし、「10年後の僕を見てくれ」と将来の夢を語ることもできます。過去や未来を語ることで、自分をよりよく相手に見せることができます。要するに、言葉は恋愛の可能性を広げてくれるものです。

ここで何が言いたいのかというと、**モテるためには聴覚による能力を磨くことが必要だ**ということです。本書では、コミュニケーション能力、プレゼン力と申し上げました。聴覚力がアップすれば、相手との会話で話す内容も使う言葉も高度なものになり、知性をアピールすることができるようになるでしょう。

RULE 34
モノの言い方しだいでうまくいくことを学ぶ

聴覚については、知っておかなければならないものは多々あるのですが、まずは、すべての基本となる**「モノは言いよう、頭は使いよう」**を学んでもらいます。

聴覚情報は恋愛にとって大切な役割を果たすのですが、その中でも**「いかにデートに持ち込むか」**がみなさんが最も興味がある点でしょう。「モノは言いよう、デートは誘いよう」です。

基本的なデートの誘い方3つを教えます。

(1) おまけ戦略

「おまけ戦略」はデートに誘う方法の基本中の基本です。この戦略は、相手が好むおまけをつけて自分を売る戦略です。たとえば、

(使用例①)「おいしいイタリアンのお店を見つけたんだけど、どう? ごちそうするよ」

(使用例②)「Jリーグのサッカーのチケット2枚いただいたんですが、ご一緒してくれますか?」

といった形になります。

前述したように、恋愛とは自分の資産価値に基づいた物々交換ですから、「自分の資産価値＝相手の資産価値」なら、おまけをつける必要がありません。片思いの場合には、「自分の資産価値＜相手の資産価値」となっていることでしょう。つまりおまけ戦略では、

※自分の資産価値＋おまけ∨相手の資産価値

でいくのがいいということです。

では、「おまけ」とは何かといえば、高級腕時計もおまけだし、おいしいイタリアンもおまけだし、映画だっておまけなわけですが、重要な点は、おまけが相手にとって価値あることかどうかということです。

したがって、おまけの中身を真剣に考えなければなりません。使用例②は、相手がサッカーが好きでこそ成り立つ誘い方です。野球でも、絵画展でも、コンサートでもなんでもいいのですが、相手の好みが何なのかのリサーチが不可欠です。

（2）戦略的服従

二つ目は「戦略的服従」です。「戦略的服従」とは、「名を捨てて実を取る」戦略で、相手に頭を下げて教えを乞い、その過程で自分の目的を達成するものです。使い方としては、

（使用例）「エクセルの使い方がよくわからなくて困っているんです。教えてください」となります。頭を下げて頼むわけですね。当然、相手としては頼られてうれしいので教えることになります。そうすると「お礼にお昼ごはんをご馳走させてください」となります。**このように戦略的服従を用いると、なんと2回デートができるようになります。**相手を誘うには工夫が必要ですが、「おまけ戦略」も「戦略的服従」も鉄板戦略なので、状況に応じて使ってみてください。

また、「戦略的服従」の逆で「補完性戦略」というものもあります。

（使用例）「エクセルの使い方がわからない？　教えてあげますよ」

となります。相手が足らないものを補完してあげるので「**補完性戦略**」と呼んでいます。

（3）ダブルバインド

「ダブルバインド」とは「**相手に2つの選択肢しか与えない方法で、3つ目以上の選択肢を考えさせない方法**」なのですが、とくにノーと言わせないことで定評がある戦略です。多用はできませんが、一度や二度なら、デートに持ち込みやすい初心者でも使いこなせるテクニックです。

たとえば、

（使用例）「食事に行くとしたら、フレンチとイタリアン、どちらがいいですか？」

となります。「ノー」という選択肢がありません。訊かれた本人は真剣に考えて答えますが、訊いたほうはどちらでもいいのです、デートができれば。ダブルバインドは、決定権を相手にゆだねているように見えながら、決定権を与えていないという戦略です。

お笑い芸人はなぜモテる？

聴覚の最後にぜひ知っておいてもらいたいのは、「ユーモア」という武器です。男子にとって、女子の心をつかむ上では重要な役割を果たします。というのは、**女子は基本的に、冗談を言って笑わせてくれる人が好きだからです。**

お笑い芸人がたとえ見かけに秀でていなくてもモテているのは、まさしくこの笑いの提供が上手であるからです。私はお笑い芸人の方々と本を一緒に書いたり、講演をしたり、テレビラジオで共演したり、イベントにも数多く出演したりしてきました。その経験に基づくと、確かに芸人は話がうまいです。とくに「間」の取り方、話題の提供、意表を突いた切り返しなど、笑わせるコツを知っています。モテる理由はこのような「笑い」の提供に優れているためです。

笑わせてくれる人を好きになるのは、笑わせてくれることが受け手にメリットをもたらしてくれるからです。こうした笑いの効能は、少なくとも以下の3つが知られています[7]。

一つ目は、ユーモアで**人間関係を和ませる**ことができる点です。初対面といったような緊張関係にある男女にとって、緊張をほぐすユーモアは友好関係を築く上で大切です。緊張関係が緩和されると、時間とエネルギーの無駄である諍《いさか》いは減り、ストレスが減ります。

二つ目は、ユーモアによって**頭の良さや若さといった要素がわかる**という点です。ユーモアの質で、知的レベルや若々しさを推し量ることができます。ユーモアの能力は年齢が上がってゆくにつれて減退していきます。中年男性が連発する「おやじギャグ」が軽蔑されるのは、そのユーモアの質が低く、知的レベルが低いためです。

三つ目は「**笑い**」**が免疫上の利益をもたらす**点です。笑うと私たちの血液中の免疫細胞が活発になることが知られています。笑いが免疫を高めるのは、ガン細胞や悪性細菌に感染した細胞を撃退させることができるナチュラルキラー細胞（ＮＫ細胞）を笑いによって強くできる効能や、笑うことで血糖値を下げ胃腸の機能を増大させる効能があるためです。笑わせてくれる人は免疫力を増大させてくれる人（＝自分に利益をもたらしてくれる人）として認識され、それが好意につながっていくと考えられます。

というわけで、質の良いジョークを飛ばすということが鉄板なのですが、嫌悪感を醸成するジョークを禁じ手としておけば、それほど難しいことではありません。たとえば、禁じ手にしておきたいジョークは、ダジャレです。語呂合わせでダジャレを言うのは中年のおやじギャグです。たとえば、「委員会サボって、いいんかい？」とか「冷やし中華はいま冷やし中か？」とかいった程度のダジャレは軽蔑を含んだ笑いをされて終わってしまいます。

また、**自分や相手をおとしめるギャグも禁止です**。「僕って、いるのかいないのか、わかんないでしょ。だから透明人間って言われるんですよ」は自虐ネタだし、相手をおとしめる例としては、「そんだけおなかが出てると、歩くのもたいへんでしょ？」といった感じです。両方とも言わないほうが無難です。

ジョークの習得は男子のモテの生命線。重要だからこそ男子の資質が問われるところです。ジョークは重要でありながら、さまざまな制約がありますので、気をつけてジョークを飛ばしてください。

女子もジョークを言うべき？

では、笑いが健康をもたらすのであれば、男子が女子を笑わせるだけでなく、女子も男子を笑わせる必要があるのではないかと思われるかもしれません。ところが、ウエストフィールド大学のブレスラー博士らの研究によると、女子のジョークに対して、男子は必ずしも好ましく思わないという結果が出ています。129人の被験者に対してユーモアに関する男女の好みを聞いたところ、デートのときには、女子は男子がユーモアたっぷりであることを期待しているのに対して、男子は女子にはユーモアの要素を期待していませんでした。

男子が女子にユーモアを望んでいるのは、友だち関係のときのようです。このデータからいえることは、男子から恋愛対象として見てもらいたいのなら、女子はジョークを言わないほうがいいということ。女子は自分が笑わせるのではなく、男子が言う冗談に笑ってあげることが必要なのです。

「～君って、おもしろい人」という言葉を女子が言うと男子はうれしいものです。また男子も女子から「おもしろい人」と言われたら、大いに脈ありということになります。

RULE 35

自分らしい「におい」でいることが大切

恋愛ではプロセスの段階が進むにしたがって、だんだんと相手との距離が縮まっていきます。「視覚」的には、遠くにいる相手でも肉眼で確認できます。次に聴覚ですが、会話をするには、声が届く範囲にいなければならないので、1メートルくらいまで近づいて話をします。さらに親密な関係になってくると、相手との距離は1メートル以内にまで近づきます。相手との距離が50センチ程度になったときに得られるのが嗅覚による情報です。要するに相手のにおいです。嗅覚は恋愛においては過小評価されがちな感覚ですが、実際には大きな意味を持ちます。

においは、「人工的なにおい」と「体臭」の二種類に分けることができます。まずは「人工的なにおい」ですが、こちらはできる限り排除することが大切です。「人工的なにおい」とは何かというと、その人の生活習慣がわかるにおいのことで、食事の内容、香水の有無などです。これは相手を嗅ぐことでわかります。自分がもともと持っている体臭を相手に間違いなく受け取ってもらうには、**人工的なにおいを排除して、無臭でいることが大切です**。したがって、たばこを吸っている人や、工業アルコールたっぷりの安酒を飲む人、にんにくを食する人は、自ら恋愛のチャンスを遠ざけていると言わざるをえません。

とくにたばこの場合は、食べ物や歯周病による口臭の他にも深刻な問題があります。喫煙は、顔のしわを増加させ、歯を黒く着色させ、強烈なニコチンの悪臭のみならず、見かけも著しく低下させます。そうなると、もともとその人が持っている体臭がいいにおいでも、敬遠されてしまうのです。したがって、男女ともに、素敵な恋愛がしたいのならば、喫煙するな！　となります。

無臭でいる最大の利点は、体臭を嗅ぎ合うことが可能になることです。恋愛関係に入るには、体臭によって発せられたメッセージが生来的な意味を持っていて、そのにおいの相性がマッチすることが条件です。においは、どんなに相手が視覚的に魅力的でも、これだけは必要という必要最低条件の遺伝的相性のものさしとして機能しています。

体臭として認知されるのは抗原体の相性で、これは「においの相性」として私たちに無意識のうちに認知されています。ヒト白血球抗原（ＨＬＡ）といわれているのですが、ＨＬＡ遺伝子とは、白血球にある蛋白質を作る遺伝子の複合体で、一般的によく使っているＡＢＯ型の血液型と似たものです。ＡＢＯ型は赤血球の血液型で、ＨＬＡは白血球の血液型です。

端的に言うと、**お互いの血が近いか遠いか**ということです。男女間ではＨＬＡが異なるほど、子どもの多様性が高まるということになり、生まれてくる子どもは、病原体への対処の可能性を高め、厳しい環境にも適応できる可能性を先天的に持つということになります。したがって、男女は恋愛関係を構築する上で、ＨＬＡが異なる相手を求めるのです。そのＨＬＡが異なっているかどうかは、体臭として発現しています。

ＨＬＡ抗原が体臭という形で相手に伝達されて、相手のにおいを心地良いにおいととらえるか、嫌な臭いととらえるかで、恋愛の相性が決定されるということです。体臭がいいにおいであるということは、互いのＨＬＡが異なっていることを示し、くさいと感じることはＨＬＡが近いことを示しています。ＨＬＡが似たもの同士は相性が合わないばかりか、妊娠しづらいといわれることもあります。体臭を通じて先天的な相性、「運命の赤い糸」と呼ばれるべき恋愛関係を感知しているのです。

結論としては、素敵な異性を見つけたら、

※自分の体臭を嗅がせましょう

となります。また逆に

※相手の体臭を嗅ぎましょう

ともなります。

もし相手の体臭を嗅いで、くさいと感じたら、「この人と一緒にいてはいけない」という遺伝子からのメッセージです。他方、相手の体臭をいいにおい、心地よいにおいと感じるのであれば、「一緒にいるべき相手」というメッセージです。いいにおいと感じたら、ほぼ確実に恋に落ちます。

なお、自分の体臭を嗅いで、くさいと思い、香水をつける人がいますが、自分の体臭をくさいと感じるのは当然です。嗅いでいる人と体臭を持っている人が１００％同じなのですから。どんなに自分がくさいと感じても、他人が同じようにくさいと感じるわけでは決してなく、心地よいにおいと感じる可能性があるのです。**香水は恋愛のチャンスを奪うものと心得てください。**

RULE 36

相手に触れることの大切さを知る

五感の4番目、触覚です。触覚とは皮膚感覚と同じであるとみなしてください。皮膚感覚とは、皮膚にある感覚点より知覚されるものであり、触覚、圧覚、温覚、冷覚、痛覚に分けられますが、ここでは皮膚感覚を総称するものとして「触覚」を使っています。

この触覚はセンサーのような働きをして、接触を通して相手の自分に対する気持ちを察知します。たとえば、手のつなぎ方でも、指と指を絡ませてしっかりと握るのか、軽く握っているのか、手に汗をかきながらつないでいるのか、といったことで、相手の気持ちを推し量ることができるのです。

まず、恋愛における触覚の基本原則を知ってもらいたいのですが、私たちは、なぜ、好きになると手をつなぎたくなるのか知っていますか？

中学校の教科書に「好きになったら手をつなぐように」と書いてあったわけでもないし、そのように教えられたわけでもないのに、好きになると手をつなぎたくなる。たいへん不思議です。

答えは、**バクテリアの交換**です。身体中についている何兆とも言われるバクテリアを、手を通じて交換しあうのが目的です。触覚を通じた相手の確認作業の一環です。この段階まで、目で見て相手を確認し、耳を使って会話をし、鼻で相手の体臭を確認しましたが、4つ目の作業が手を使って相手と自分のバクテリアを相互交換して相性を確かめるという行為です。

これは、前者3つと違って、リスクを伴うものです。良いバクテリアだったら、お互いに免疫力がついて、健康になるというメリットがありますが、害を与えるバクテリアだと、口に入ったときに病気を引き起こす原因になります。その意味でハイリスク・ハイリターンな行為なので、多少なりとも好意がある人とでないと手をつなぎません。

相手の皮膚に意図的に触り、触覚にアピールすることは**「ボディータッチ戦略」**と呼んでいますが、これはぶりっ子の鉄板戦略。ぶりっ子は、笑いながら「嫌だ〜」と言いながら、無意識を装って男の皮膚に刺激を与えます。「ぶりっ子」の戦術は理にかなったもので、恋愛下手の男子にはたいへん有効です。

女子から男子へのボディータッチは好意を生みますが、男子から女子へのボディータッチは嫌悪感を生むことが心理学の実験で確かめられています。当然ですね、なにしろ、子どもを出産しなければならない女性は、バイ菌に対して敏感ですから、他人の皮膚に触れるということは極力避けなければなりません。その意味で、好きな人とは手をつなげても、好きではない人とは触覚は使わないものです。

しかし、出会ってからの期間が短くても、相手のバクテリアの相性を確かめたいもの。触覚によって、恋愛感情が芽生える可能性もなくはありませんし。

そこで、お推めしたいのが「**握手**」という行為です。握手には、気に入られる握手と嫌われる握手というのがあるので気をつけていただきたいものです。

大学生のうちに、好意を持たれる握手をしっかり学んでおきましょう。最も正しい握手の仕方は「手を奥まで深く握り、強めで、長めで、目を見ながら、会釈せずに、微笑みながら、上下にふること」です。

RULE 37 キスは相手を知る一番の方法

手をつなぐことができたからといって、すぐにキスを迫るのは性急すぎますし、すぐに与えるのもよろしくありません。必ず数日はおいて、バクテリアの悪影響があるかないかを確認する必要があります。相手の手の感触で、ある程度相性を確認できたはずです。手の感触、優しい握り方、温度、汗、手をつないだ時間等の要素によって、相手の気持ちも確かめることができたはずです。そもそももう一度手をつなぎたいかどうか、わかったはずです。次に会ったときも手をつなぎたいと思えたら、性行為前の最終段階である味覚、キスに進むことができます。

恋愛のプロセスとは、なんと芸術的なのかと思いませんか？　視覚、聴覚、嗅覚、触覚、味覚という五感すべてを使った確認作業なのです。自分も目、耳、鼻、皮膚、口を使って相手を吟味するのですが、相手もまったく同じようにあなたを五感を使って吟味しているのです。

キスは相手を吟味する最高の行為です。なにしろ、手をつなぐといった間接的行為ではありません。キスというのは、口の中にある数え切れないほどのバクテリアを瞬時に交換して相手との相性を確かめるという直接的行為です。狩猟採集時代であったなら、生きるか死ぬかといったようにリスクを多大に伴う行為なのです。

ですから、それなりの儀式が必要となります。通常は「好きです」、「付き合ってください」と言いますね。好きになった相手と長期的に恋人になりたいと思ったら（キスしたいと思ったら）、この儀式を必ず行なってください。

先ほども述べたように、キスという行為には、バクテリアの交換といった確認作業があります。手をつなぐ接触ではバクテリアは口内から入る可能性が低いです。しかしキスとは口の中のバクテリアを直接交換し合う味覚の行為です。バクテリアの交換で病気になってしまうのか、バクテリアの交換がスムーズに行なわれ免疫力がつくのかがわかります。

キスをすることで、そのほかにも情報が入手できます。たとえば、相手の生活習慣がわかります。無臭を心がけようと繰り返し説いてきましたが、そうはいっても完全に無臭であることは不可能。たとえば、どんなものを食事しているのか、口は臭いのかどうか、唾液の量はどのくらいなのか、舌触りはどうなのかといったように、多種多様な情報が口の近辺に集中しています。したがって、いままで隠してきた秘密やうそがわかってしまいます。

相手の恋愛経験値もわかります。キスの仕方、長さ、息づかい等々によって、どのくらいの人数とどのようなキスをしてきたのかがわかります。もちろん、自分自身の経験値がないとわからないといったように、**キスが上手な人ほど相手を吟味する能力に優れています**。その意味で、キスの経験値はなるべく多く積んでおくほうがいいのですが、どんなに隠そうとしても、キスの快楽の中ではある程度露呈してしまいますので、情報としては正確なものになります。

さらに、キスによって相手の体臭を直接的に嗅ぐことが可能となり、HLA遺伝子の相性を確認できます。近距離になると相手の体臭を嗅ぐことができますが、キスという行為では距離がゼロ。口がふさがれた状態になりますので、否応なく鼻で相手の体臭をかぐことになります。キスという行為は味覚なのですが、嗅覚や触覚も同時に使うということにもなり、相手から情報を得るという意味では最も効果的です。

直近のデータでは、高校生男子のキス経験率は31・9％、女子は40・7％です。大学生の平均値は男子が59・1％、女子が54・3％。過半数が経験しています[8]。大学時代に、キスをするような相手を見つけたいものです。

好きな人とのキスは甘美です。一度も経験することなしに、大学を卒業するのはもったいないです。

RULE 38
共に食事をすることの大切さを知る

味覚情報は、キスのように口や舌を使って直接的に相手の情報を得る方法もありますが、食事を通して味覚を刺激しあうという味覚の共有からも得られます。食事による味覚の共有は、男女ともに相手に対しての決定的情報をもたらすという点では、視覚、聴覚、嗅覚、触覚に劣らず重要な要因になってきます。

女子がおいしい料理をつくれると当然モテますし、男子も料理がつくれると女子が興味を持ちます。男子だから料理ができなくていいというのは、前時代的発想。これからの世の中では、料理というスキルは男女ともに磨くべきです。

効用は主に2つあります。

まず、料理をするようになると味覚が磨かれて、料理が上手か下手かを見抜くことが可能となります。料理は食材本来の良さと加工技術の2つのコンビネーションでできているものですので、隠

UNITS
人生の基本原則
大学生活を充実させるテクニック
恋愛の基本原則
✓五感的魅力と恋愛
普遍的実践ルール

し味に何を使っているのか、おいしさの秘訣は何か、栄養のバランスはとれているかといった点は、自分が料理をするようになってはじめて分かるものです。

また、料理が上手であることをアピールすると、将来、料理を自分のためにつくってくれるのではないかという期待感を醸成させることができます。とくに結婚後、相手に専業主婦になってもらいたいと願う男子には、女子が料理好きというのは鉄板です。また、結婚後も仕事を続けたいと願っている女子にとっては、家事は共同で行ないたいと思っていますから、男子も料理ができるということは、将来の結婚像をイメージするときにプラスに作用します。

男子も女子も得意な品目はそれほど多くなくてもいいです。家庭料理として知られているものがいいですね。「男の料理」だったら、ビーフシチューといった豪快なもののほうが、ひじきやグラタンやハンバーグといったものよりも効果的ではないでしょうか。「週末はビーフシチュー、つくるんだけど、どう?」と言えば、「おまけ戦略」(「RULE 34」参照)の一つにもなります。

他方、女子が料理できることも、男子が結婚を視野に入れた場合に、最も魅力的なスキルとなります。どんなに女子の見かけが良くても、「料理、ぜんぜんダメなんだ」と言われた瞬間に、「結婚はないな……」と思いますよね。その反対に「料理、ものすごく得意なんだ」と言われたら、とにかく味を確かめたい、おいしかったら、毎日つくってもらいたいと思います。

間接的味覚としての料理で、もう一つ忘れてはならないのが、男子が女子に料理を提供するという「おごり」です。大学生の恋愛に限っていえば、どちらも働いていないので食事は割り勘であることが普通です。でも、大人の恋愛においては男がおごるのが多いようです。ですから、大人っぽいところを見せたいなら、割り勘よりごちそうすることです。

男子としては、金銭的に料理をごちそうするからには、**レストランへのこだわり**も見せたいものです。安かろうまずかろうのチェーン店より、栄養のバランスが良く、食材にこだわり、こじんまりとしているけれどおいしいものを出すところのほうが魅力的です。

女子が判断する材料としては、どんなレストランへ連れていってくれるか、どのくらいおいしいか、どのくらい雰囲気が素敵かという点になります。また、食事のときにテーブルマナーはしっかりしているか、会話が楽しいかなどがいちいち判断されるので、最も神経を使います。

通常夕食には2時間程度の時間を費やすことになりますが、その間のマナーや作法で育ちやしつけが露呈してしまいます。お箸を上手に使えなかったり、口の中に食べ物を入れたまましゃべったり、場にそぐわない大声で話したりすれば、相手の気持ちは一気に離れてしまうことでしょう。**テーブルマナーは恋愛の必需品です。**しっかり勉強しておきましょう。

RULE 39 好き≠性行為だと知っておく

五感的条件をお互いクリアすると、「好き」という状態になります。好きになったからといって、性行為をしなくてはいけないということではありません。性行為というのは重大な行事です。女子が妊娠する可能性があるからです。したがって、するのかしないのか慎重に決断しなければなりません。

これが本書の基本的考え方です。恋愛は大いに結構ですが、性行為は気をつけるべきで、**「好き」すなわち性行為ではない**という点を、明確にしておきます。

では、現実的に高校生や大学生の性行為の状況はどのようになっているのでしょうか？　高校生と大学生の恋愛経験率は、次ページの図表2−2をご覧ください。図2−2は1974年から2017年までの間の、高校生と大学生の性行為の経験値を表しています。

2017年のデータでは、男子高校生が13・6％、女子高校生が19・3％です。高校生のデータで概ね女子の数値が上なのは、交際する相手が社会人や大学生であることが多いためです。男子高校生は相手が同級生か年下であることが多いので、経験率は低くなります。

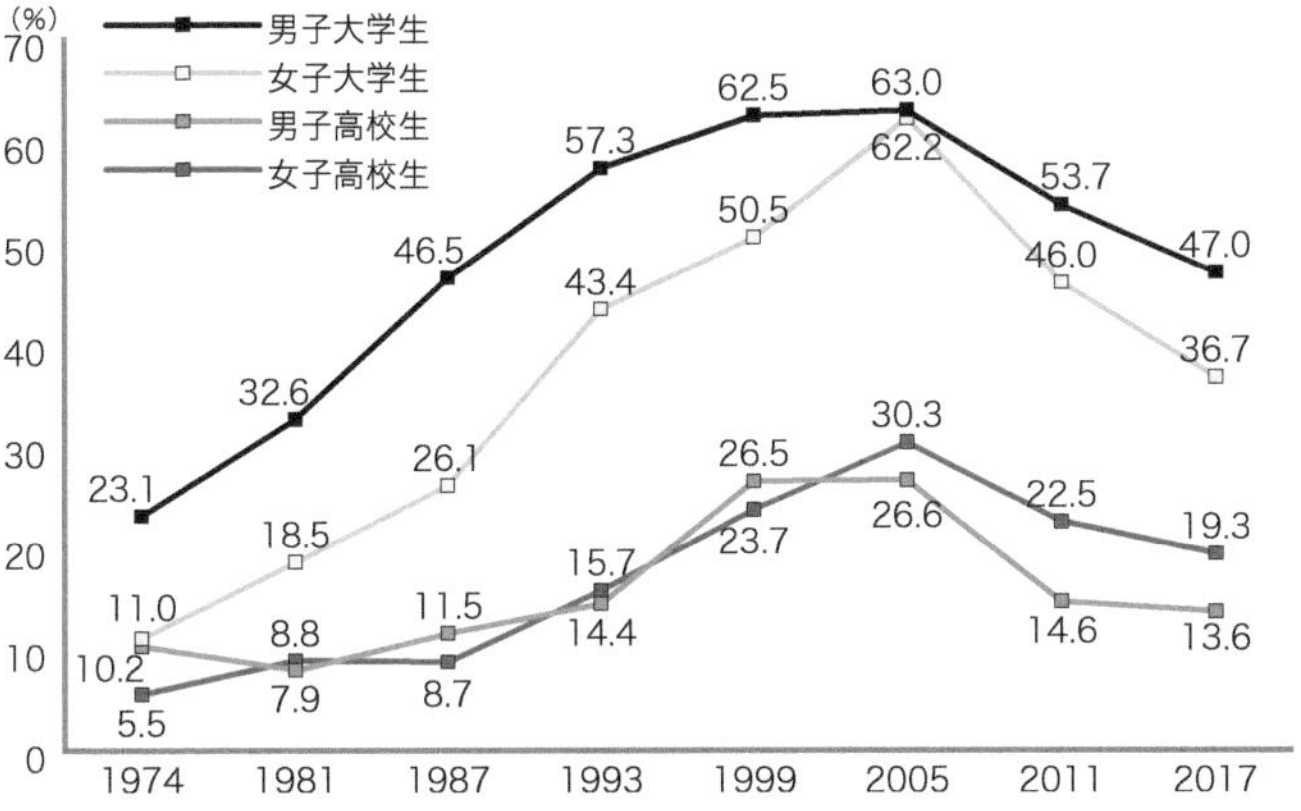

▲ **図表2-2　高校生と大学生の性経験率の推移**[9]

高校時代を振り返って、「自分は経験していない、遅れているの？」とか「うらやましい」とか思った読者も多いかと思います。でも心配いりません。高校時代に経験しても大学時代に経験しても、せいぜい2～3年の違いですからね。

さて、大学生の経験率です。男子大学生が47・0％、女子大学生が36・7％との数字になりました。高校時代から比べると、男子が3倍、女子が2倍の数字で、大雑把にいうと大学生の2～3人に1人が経験することになります。

性行為を経験するのが良いのか悪いのかについては議論しません。みなさんの節度ある対応を期待する、とでもしておきましょうか。ただし、性経験するということは妊娠をしてしまう、妊娠をさせてしまう可能性があるということだけは理解しておいてください。

繰り返しますが、避妊をしっかり行なうことが不可欠です。

グラフについて興味深いのは、性経験率はずっと上昇方向だったのに、2005年から2017年では減少している点です。高校生も大学生も10～25%程度減少しています。この減少の原因は、マスコミ的には草食系男子の増加といったふうに解釈されてしまいますが、私としては懐疑的です。経済的不況、デフレ現象によって、あらゆる消費マインドを冷え込ませた結果ともとれますし、少子高齢化の影響やインターネットで使う時間の上昇によって出会いの減少やコミュニケーション能力の低下が一因となっているともとれます。

恋愛感情は両刃の剣、普段得られないエネルギーを作り出して思わぬ力を発揮できる半面、相手のことばかり考えると勉強が手につかなくなるといった弊害もあり、上手に向き合うことが求められます。恋愛のエネルギーを上手に勉強や将来の目的のために向けてほしいと願っています。

RULE 40

「直感」を信じるのも恋愛には必要

恋愛学の最後のルールとして五感の先にある「直感」について言及しておきます。恋愛に直感はつきものですからね。

すでに述べてきたように、相手を選ぶ方法として五感がありました。視覚によって相手の見かけをチェックし、会話によって相手の性格や考え方を聞き出し、においで遺伝子レベルの相性を審査し、また手をつなぐ、キスをすることでバクテリアの交換をして、自分に害を与えるのかどうかを確かめるものでしたが、五感の先にあるものとして「直感」が必要になってくる場合があります。

たとえば相手から「付き合ってください」と言われたときに、不安に感じて「ノー」と言うのは簡単です。でも、それでは素敵な恋愛のチャンスを逃すことにもなってしまいます。せっかくのチャンス、逃したくないものです。

具体的な例で考えてもらいます。女子の場合、以下の3人の男子に同時に付き合ってくださいと言われたら、どの男子を選びますか？

1. おもしろくて明るい性格だけれど、身長は自分より3センチ低いA君。
2. 知性が豊かで将来性がありそうだけれど、気が弱いタイプのB君。
3. おもしろくて知性が豊かだけれど、清潔感がないC君。

どの男子も一長一短ですよね。おもしろくて、明るくて、背が高くて、知性豊かで、清潔感があって、将来有望な男子はいることはいますが、獲得するのは難しいです。通常は、どこかに優れ、どこかが劣るというのが普通の男子です。既習の「恋愛均衡説」にしたがい、普通の女子には普通の男子がカップルにならざるをえないのです。

このような男子の中からだれを選ぶのか、直感で決めるしかない場合があります。私が言いたいことは「その直感を信じてみてください」ということです。

この点について一つ参考にしてもらいたい研究があります。それは「**一目惚れ**」の研究です。いままでに一目惚れをしたことはありますか？　電車で息が止まるくらい素敵な女子を見かけたとか、サークルに理想の男子がいて話しかけられたとか……。

一目惚れについて、科学的な研究をした学者は米国のアール・ナウマン博士という心理学者で、1495人の男女にアンケート調査を行ないました。その結果、女性の56%、男性の62%が一目惚れを経験したことがあることが判明しました。

ナウマン博士の一目惚れの定義は「1時間以内に恋心をいだくこと」ですので、出会って相手の見かけをチェックし、その後に会話をすることで恋に落ちているということになります。つまり、五感のうち嗅覚、触覚、味覚ではなく、視覚と聴覚の2つのみを使って恋愛感情をいだくということです。男性は女性の見かけを重視する傾向がありますので、男性の方が女性より一目惚れの経験が多いのは当然かもしれません。

なお、一目惚れ経験者のうち、17%の人が2回経験し、5%の人が3回経験しています。また全体の54%が20歳以下で経験していますが、30歳を過ぎても15%が一目惚れを経験しています。

ナウマン博士はさらに、興味深いデータを2つ披露しています。

一つめは一目惚れをした人々の55%がその相手と結婚したとのことです。さすが米国ですね。一目惚れをした2人に1人は結婚にまで結びついてしまうのです。

もう一つは、一目惚れで結婚したカップルのうち、76%はいまだに結婚を継続中と報告しています。一目惚れは相手を十分に吟味できないというリスクを背負いますが、半数以上のカップルが離婚する米国において76%が結婚を継続しているということは、直感を信じるというのも幸せな結婚の秘訣なのかもしれません。

この研究の教訓としては、まず**「この世に一目惚れというものが存在することを知りましょう！」**です。ある日、突然、恋愛感情が天から降ってくることもあるのです。自分の直感を頼りに、一目惚れからはじまる恋愛の可能性を信じてみるのも悪くないのかもしれません。

次に、一目惚れをしたら躊躇することなく**「すぐに連絡先を交換しましょう！」**です。惚れてしまうとなかなか勇気が出ないものですが、気に入ったら迷わずＬＩＮＥのＩＤを交換したいものです。一目惚れから結婚に至るっていうことも大いにありえるのですから、自分の気持ちに素直になって勇気ある行動をとってほしいものです。

PART 3

実践編

人生にも恋愛にも使える普遍的実践ルール

UNITS

- ☐ 人生の基本原則
- ☐ 大学生活を充実させるテクニック
- ☐ 恋愛の基本原則
- ☐ 五感的魅力と恋愛
- ☑ 普遍的実践ルール

人生にも恋愛にも使える普遍的実践ルール

【人生編】と【恋愛編】を読んで、気づかれたと思いますが、両方に共通したルールというものがあります。物事の考え方は場面が異なっても同じで、「成功する」ためには、必ずしなければならない普遍的なルールがあるものです。

それは、「自分を商品と考えて、いかに相手に〝売る〟のか」というルールです。自分が商品であるという視点からは、セールスということになりますし、対象が消費者なのか異性なのかの違いだけです。「市場」があってそこで売るという作業です。

PART 3では、実践してもらいたい普遍的なルールを伝えていきます。前述したルールと内容が少し重複するものもありますが、重複したものはそれだけ重要ということです。ぜひ実践していただきたいと存じます。

RULE 41

自分の商品価値を引き上げる

自分を商品として考えるくせをつけましょう。自分の商品価値は何か？　どの市場でどのような商品が売れるのか？　では、どうやったら自分の商品価値を引き上げることができるのか？

人間社会では、基本的に自分の商品と相手の商品の売り買い、物々交換が行なわれています。自分をだれに売るのか、そのリターンとしてだれを買うのかというのが問題となります。また、両者の間の商品価値はバランスします。この基本原則については、【人生編】でも【恋愛編】でも申し上げました。

例を挙げると、まず大学受験がありました。大学受験は、試験問題を出して、点数の高い受験者から合格を出します。獲得した点数が高いことが受験生としての商品価値です。もし自分が安売りしていると感じたら（もっと自分を高く売れると感じたら）、釣り合いのとれる大学に入学できるように試験を受ければいいということです。この構造は大学院でも同じですので、大学院を受験する際には覚えておいてください。

就職活動も物々交換です。自分が行きたい企業の価値と自分の価値がバランスしなければなりません。自分の商品価値が低いと応募しても書類で落とされるか、面接に呼ばれても一次面接で落とされます。みなさんが優秀であれば、企業側も喜んで内定を出してくれるはずです。

友だち関係も、ギブアンドテイクという言葉を使いましたが、自分の商品価値と友だちになる可能性のある相手の商品価値が同程度であることが必要です。入学当初は右も左もわからず、とにかくだれか話をする相手がほしいと思い、見知らぬ人に声をかけて友だち関係を築こうとしますが、自分に魅力がないと長続きしませんし、相手にもそれなりの価値がないと疎遠になってゆくものです。

恋愛でも同じです。自分に魅力がないと、好きになった相手に話しかけてもそれ以上の進展はありません。

では「商品価値」とは何かという点が最も関心あるでしょうが、要するに、**相手の望む資質を持っているかどうか**ということです。大学や大学院の受験では、大学側が要求する知識が必要ですし、就職活動の場面では、会社にとって有益となる地頭やスキルや性格や将来性がチェックされます。仕事ができるという点のみならず、四六時中一緒に仕事をするわけですから、人格的にチームワークに支障をきたさないことが求められます。「一緒にいて楽しいやつ」、「上司の指示をしっかり聞くやつ」であることが基本です。

友だち関係でも恋愛関係でも同じで、相手にとって有益であるかどうかです。友だちになりたいと思ったら、相手が必要とする性格、たとえば、話していて楽しいとか笑いのつぼが同じとか話し好きで明るい性格といった点が大切ですし、また授業・単位・試験に関する貴重な情報（過去問の入手等）があると自然と周りに人が集まってきます。当然、貴重な情報を持つ方はそれに見合う価値を相手からもらわなければバランスしませんので、**友だち関係になりたいと思ったら、自分も同等の「売り」をつくらなければならない**ということです。「無償の愛」が期待できるのは、血縁関係のある親族のみです。

恋愛の場面では、好きになった相手に自分と同じくらい好きになってもらいたいと思うならば、相手にとって有益であることが必要です。男女の場合、「売り」が若干異なるのですが、基本的に男子には「男らしい」五感的魅力や性格、女子には「女らしい」五感的魅力や性格が求められています。ただし、女子の場合には、前記に加えて、恋愛＝結婚と考える傾向があるので、男子に安定した社会的地位が得られるだろうという保証がほしいと思っていることは既習のとおりです。

聖書では「求めよ、さらば与えられん」と神様の無償の愛が説かれていますが、現実の人間社会では、人々は利己的なインセンティブで行動を決定していますので、「**求めるなら、まず与えよ**」

となりますね。

自分を売り買いすることの練習をしておく

大学4年間は、自分を売ったり買ったりの連続ですが、その売り買いの規模は小さく、大人の世界への肩慣らしといったところです。卒業後の大人の世界では、さらに厳しい市場経済メカニズムによる競争が待ち受けていることを知らなければなりません。仕事ができる人は企業から求められ、できない人は退職を命ぜられます。結婚という人生をかけた売り買いも同じ。結婚当初は価値がバランスしていたとしても、努力を怠り、魅力が減少してゆくと、離婚という手段も考えなければなりません。

おのおのの場面で求められる商品価値を高めることで、よりよい恋愛、よりよい友だち、よりよい就職、よりよい結婚ができるということです。ぜひ、おのおのの場面で何が求められているかを知り、自分の商品価値を高めていってください。不断の努力が必要です。

RULE 42

「社会的条件」の重要性を認識する

前項では、商品価値の重要性について述べましたが、この「RULE 42」では、商品価値の中の「社会的条件」の重要性について、再度強調しておきます。

「社会的条件」とは、経験によって身につけた五感以外の条件です。どんなものがあるかというと、よく使われる例は、恋愛や結婚の場面において女子の最大の関心事である男子の年収ですね。どんな仕事をしているのか、一年間にどのくらい稼いでいるのかという超現実的な話です。

でもこの点は大丈夫、データによると大卒の年収は他の学歴に比べると圧倒的に高いです。図表3−1をご覧ください。この図は学歴別に一生の間にいくら稼げるのかを4つの学歴で分けたものですが、大学卒の生涯賃金は2億7千万円、大卒未満では中卒、高卒、高専・短大卒にはそれほど違いはなく、だいたい2億円程度です。

高卒と大卒を比較すると、高校卒業ですぐ働くほうが多く稼げると思いがちです。大学に進学する人は、大学4年間分働けないわけですから。しかし、20歳代後半から徐々に賃金に開きがでて、

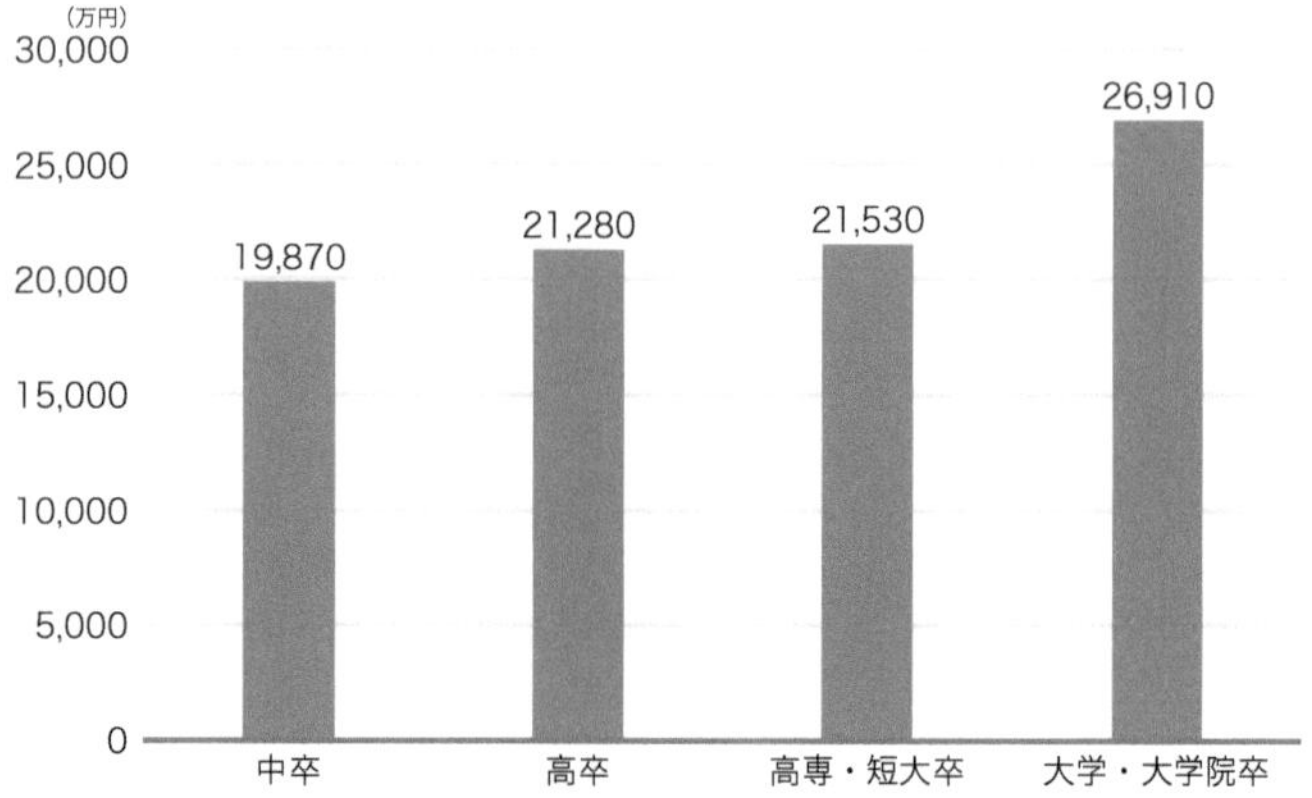

▲ **図表3-1　学歴別生涯賃金**[10]

生涯賃金では5千万円もの差が出てきてしまうのです。

一年間の平均年収でも当然開きがあって、大卒の会社員は582万円を稼ぎますが、高卒では431万円、中卒では394万円になっています。ですから、より多くの年収という観点から、大学をつつがなく卒業することが大切です。

女子も、自分で学歴を得て、収入を得て、経済的に独立すべき時代になりました。たとえば、すごく好きになった人が、たまたま収入が少なかったらどうしますか？　その時に自分のほうに十分な収入があれば、結婚して子どもをもうけることができるかもしれませんね。

社会的条件とは、その他にも、どの大学・大学院を出たのか、どのような仕事に就いているのか、仕事に関して将来性や安定性があるのか、といったことに関わっています。女子から見れば「得た収入を自分（と子ども）に毎月どのくらい使ってくれるのか」、「一生の間ずっと、安定的に提供してくれるのか（ずっと浮気をしないでいられるのか）」といったチェックも行なわれます。

男子にとっても女子にとっても社会的地位は重要なのですが、まだ大学に入学したばかりですし、自分で働いて給料をもらっていませんし、仕事にも就いていませんので、実感がわかないとしても当然です。大学時代では、実感がなくても、

①将来、社会的地位はたいへん必要になってくる
②社会的条件の構築は大人になってからでは遅いかもしれない
③だから大学生のうちに理想の将来像としてイメージしてほしい

という願いから、【人生編】でも【恋愛編】でも、将来を見据えて行動することを強調してきました。

みなさんの多くは、卒業後に企業に就職することになると思われますが、そうでなくてもほぼ全員、人生のいずれかの時点で、自分で働いて食料（衣食住に関するすべて）を獲得しなければなりません。そうしないと生きていけませんから。そのときに「社会的条件」の重要性に気づくのですが、そのときでは既に遅いということになってしまうかもしれません。ですから、大学入学当初からがんばれと言ってきました。

よろしいですか、卒業後にどんな職業に就くかは、自分の人生を納得させる意味で重要ですが、**恋愛や結婚の場面でも最大の「売り」になるのです。**男子にとっては、収入に見合う納得いく仕事に就くということは、食料獲得と異性獲得の両方に優れるという一石二鳥の役割を果たすのです。

女子の身体構造から見れば、これは明らかです。人間は他のほ乳類と同じように、女性（メス）が子どもを産みます。女性が子どもを産み、母乳をつかって育てるしくみになっています。男性は子どもを産みませんし、男性のおっぱいからはお乳が出てくるわけでもありません。母乳というくらいですから、お乳は女性のみの特権です。その代わり、男は何をしなければならないかというと、お母さんが子どもを出産したり、母乳で育てている間は身動きがとれなかったりするので、食料を運んで母子に栄養を与えるというのが、男性（お父さん）の役割なのです。お父さんが食料（収入）を安定的に運び、母子を育てるということがヒトの基本的な社会構造になっています。

本書を読む女性読者には「21世紀型女子」になってほしいですが、それでも妊娠・出産をする場合には、ほとんどの場合一年以上休業しなければなりません。その意味で女子は男子の社会的条件を求めています。そう、男女の恋愛というものを突き詰めて考えてゆくと、結婚という話になり、出産・子育てという話にもなり、最終的には、お金の話、社会的条件の話になってしまうのです。

男子の社会的条件は大人の世界ではモテる重要な要素……。データを一つ披露します。早稲田大学の「恋愛学入門」の授業でのアンケート結果です。女子学生に次の質問をしました。

※次の2人の男性のうち、結婚するならどちらがよいですか？
①フリーターで年収が100万円の、見かけがたいへん良い男子
②弁護士で年収が2千万円の見かけが良くない男子

この質問に対して、なんと65％の女子学生が、収入が多く社会的ステータスが高いほうを選び、見かけの良いほうを選んだのはたったの35％にすぎませんでした。**男は見かけより社会的条件なのです。**

お金がないと結婚後に良い生活ができないと同時に、子どもを持つことや、子どもをみなさんと同じように大学に行かせることも難しくなるのです。逆に言えば、お金を十分に稼ぐことができれば、男子は、スポーツができなくても、多少身長が低くても、ちょっとくらい性格が悪くても、モテる可能性が高いということになります。ですから、もし男子の中でぜひモテたいと思うのだったら、収入に見合う納得いく仕事に就くというのが最も近道です。

RULE
43

「根拠のない」自信を持つ

仕事のプレゼンにしても、就職のときの面接にしても、審査する側は、素敵なパフォーマンス、お芝居を求めています。せっかくの商品を売る、自分を売るというような状況では、100％の自信を持ってプレゼンしてほしいと審査する側も求めているものです。

恋愛でも同じ。「男という商品」、「女という商品」を売買するわけですから、買い手は、売り手が自信を持って売り込んでほしいと思っているものです。「がっかりさせないでよ」と。この基本原則を守れていない男女が実に多いです。

プレゼンや面接のときに重要となるのは、内容もさることながら、自信です。自信を持っている人のほうが輝いて見え、成功する確率が高いのです。だったら、「自信を持とう」となります。

よろしいですか、「正直者はバカをみる」です。自信がないと正直に申告することだけが正しい生き方ではありません。自信のない部分についても自信があるふうに装うのが望ましい姿勢なのです。だれがバカ正直であることを望んでいますか？　恋愛相手ですか？　面接官ですか？　両方とも違います。恋愛相手も面接官も、売り手の自信があるところを見たいと思っているのです。正直者でいたいというのは努力をしたくないと言っているのと同じです（また、うそをつかない正直者であれと願っているのは、警察官や学校の先生といった統治する側の人間だけです）。

自信を持つのに根拠はいらない！

「自信」とはどういうことか考えてみましょう。

みなさんの魅力度が100点満点中50点だったとします。自信を持つということは何点まで自信があるように演技できるのかということです。仮に80点としておきましょう。50点の男が80点の魅力ある男に演技できる、これはプレゼン力ですが、**プレゼン力を裏打ちするのが自信というものです**。本当は30点足りません。ここを演技力でカバーするのですが、自信を見せないと信じてもらえません。

では、どうやれば自信がつくのでしょうか？

成功体験が自信をつけると言う人がいます。違います。成功したからといって自信がつくわけではありません。英語のTOEIC®の試験は990点が満点ですが、たとえ900点を獲得しても、「きっとまぐれに違いない」と思ってしまえば、自信がつくことはありません。

自信とは、**自分には当たり前にできる＝「Yes, I can.」と思い込むことです**。当たり前にできると思い込んだら、自信がつくということです。だったら、先に思い込んだらいいのでは？　自信が先か、成功が先か。当然、自信が先です。ですから、**最初は「根拠のない自信」から始めなくてはならないのです**。大丈夫です。だれにでもできます。なにしろ「私にはできる、I can do it.」と唱えるだけでいいのですから、簡単といえば簡単です。

　魅力度が50点でも80点と思い込みましょう。自信がつけば、さらなる成功が待っています。これがすべての正のサイクルに導くキーワードです。自分が「自信がある、堂々としている」となれば、相手は「え、どうして？　何が根拠なの？　良く分からない、ミステリアスだ、もっと知りたい」となるのです。

　さて、もう一つのキーワードは、「**ポジティブ思考**」です。自信がある人は、ネガティブになりようがありません。なにしろ、「当たり前にできる」のですから。たとえ失敗したとしても、その失敗から学び、次につなげようとします。

　恋愛の場面で男子が女子に「○○さんのこと、好きです。付き合ってください」と言って、「ごめんなさい」とフラれたとしても、落ち込む必要はありません。「こんないい男をフルなんて、なんともったいない」とか、「自分のことをよく知らないで即断するとは愚かな女だな」と思えるからです。そもそも「女にフラれた」ではありません。「ほかの素敵な女性と付き合う可能性が広がった」です。

面接で落ちても同じです。「自分のような優秀な学生を落とすなんて、この企業も大したことないな」と思って次の面接に臨めばいいのです。もちろん反省して次に活かすことは必要ですが。

この世の中、自信を失わせることが多いもの。とくに日本には、出る杭は打たれるかのごとく、平均・平凡を求める文化があります。でも、それに負けてはいけません。自分が自分を信じないで、ほかにだれが信じてくれるのでしょうか。

どんな状況でも自分を信じる気概をぜひ持ってもらいたいものです。

普遍的実践ルール

RULE 44

大きい夢を持ち、語る

目標は大きければ大きいほどいいです。可能な限り大きい目標を設定しましょう。人生においても恋愛においても重要です。

人生では、**大きい目標を持つほうが、小さい目標を持つより成長します。**目標が小さいと小さい努力しかしません。目標が大きいと大きい努力をします。だったら、大きい目標を定めることが有益となります。スケールが大きければ大きいほど、自信も風格も出てきますしね。

大きい夢を持つ女子って素敵ではありませんか？　女子が「将来は会社をつくって、子育てとキャリアを両立している女性を１００人雇いたい」って言ったら輝いて見えるでしょう。「平凡がいい」という女子より輝いて見えるはずです。輝く女子は、当然、モテますよね。

男子も夢を語ることが恋愛では不可欠です。恋愛や結婚とは、「**お互いの将来性を売り買いするもの**」と言い換えることができます。男子の生殖力のピークが20歳代後半でも、年収のピークは50歳前後ですから、それ以前の男は成長過程にあるといえます。20～30歳代では、女性にいかに「夢を売るか」でモテ度が変わってきてしまうのです。50歳の男性のように確実に手に入れた地位や年収とは異なり、それ以前では、夢（将来）を語ることによって、自分が大きくもなり、小さくもなるのです。まさしくこの「夢を語る」こそが、モテに大きな影響を与える点です。

確かに女子も男子の夢に共感します。あまりに突拍子もない夢だと信じてもらえませんが、実現可能な範囲で夢を語ることは、最も好まれる話題の一つです。女子としても、男子の夢が素敵だと、一緒に実現したいという気持ちになります。どのような夢を語ればいいのか？　これが問題。この問題を解くことがモテにつながります。2つのシナリオを比較してみましょう。次の男子のうち、どちらを女子は選ぶでしょうか？

※シナリオ①↓現在、資産価値200のA男が、「僕は堅実な男です。毎年2％成長していくから、10年後はもっと素敵になっています。だから付き合ってください」
※シナリオ②↓現在、資産価値100のB男が、「僕は資産100だけど、毎年10％ずつ成長していくから、10年後はビッグになっています。だから付き合ってください」

さて、実際には、10年後にどちらがより素敵な男になっているでしょうか？

答えはB男です。A男は、現在の手持ち資産は高く、翌年には204になり、複利計算で資産増は見込めますが、10年後には244にしかなりません。他方、B男のほうは、10%ずつ複利計算で上昇すれば、10年後には259になっているのです。したがって、女子はB男を選ぶべき、となります。これを「夢を語る」というのです。

注意しなければならないのは、毎年の10%成長に真実味を持たせることができるかです。もし1年間付き合って、年率4%くらいしか成長しなかったら、愛想をつかされてしまうことでしょう。10%というからには10%近くの達成率がほしいところです。女子にとっては「**夢はでかいほどよい、しかし、着実に夢に近づいているという確証がほしい**」のです。

夢を語らない学生は、成長がない学生と同じです。資産価値が100で、夢を語らないのであれば、将来もずっと100と思われてしまう。したがって100程度の相手としかカップルになれません。しかし、「熱く夢を語り」、夢が実現すると信じさせることができたら、それに釣り合うたいへん魅力的な相手と相思相愛になることでしょう。

RULE 45

一歩目を早く、卒業後の自分の姿を思い描きながら

西洋の民族性を揶揄《やゆ》したジョークに次のようなものがあります。[11]

※フランス人は走る前に考え、イギリス人は走りながら考え、イタリア人は走った後に考える

横並びが好きな日本人は、

※日本人はみなが走り出したのを見届けてから走り出す

といったところでしょうか。

学生のみなさんには、イギリス人のように「走りながら考える」ようにしてもらいたいものです。

最低限イタリア人のように「走った後に考える」でもいいです。

反対に、**一番いけないのが、「走る前に考える」です。**走る前に考えても経験値が少ない大学生のみなさんは、時間のロスに加えて、走る方向を間違ってしまうからです。**一歩をとにかく早く踏み出すということが求められるのです。**

試行錯誤は若者の特権です。走りながら考えて、途中で方向転換していけばいいのです。

そのためには、アルバイトが好例で、消去法で自分に適正のある仕事を見つけるべきと述べました。消去法というのはとにかく走りましょうということです。**バイト選びは、直感やイメージで選ぶ方法でよろしいです。**憧れはだれでも持つもので、当時のみなさんは、小学生女子の人気職業が「ケーキ屋さん」、男子の人気職業が「プロのサッカー選手」ですから、将来変わってゆくのも仕方がないことです。憧れの職業からいかに現実の職業に変わるかは、実際に経験してみるのが最良の方法です。ケーキ屋さんになりたかったら、ケーキ屋でアルバイトをするのが一番。どんなに朝早く起きなければならないのか、どんな商品を開発しなければケーキ屋として生き残れないかが理解できるはずです。「プロのサッカー選手」のアルバイトはありませんが、サッカーの上手下手は、試合に出れば自ずとわかるはずです。

ですから、とにかく一歩目を素早く踏み出す勇気を持つことが必要です。とかく日本人は横並びが好きで、だれかが先陣を切ってくれないと動きだせない人が多い。それだと人より遅れをとってしまいます。

走り始めるためには、目標が不可欠です。めざすものが見えてはじめて、走る方向がわかり、目標とずれたら方向が間違っているということになりますので、軌道修正が可能となります。

たとえば、将来は「映像を制作し、観る人に感動を与えたい」と思ったら、具体的な職業として、制作会社に勤めるとかテレビ局のプロデューサーになるといった道があります。そこまで職業が絞れたら、あとはアルバイトで制作の現場に入り込めばいいのです。どのテレビ局の番組も学生アルバイトを必要としていますので、可能性はあります。メディア関係のサークルに入るとアルバイト情報が容易に入手できますが、自分がサークルに入らなくても、サークルに入っている友だちがいれば、便宜を図ってくれるかもしれません。

制作現場に立ち会うことができれば、テレビや映画の画面でしか観られなかった俳優さんの私生活も垣間見ることができますし、裏方のスタッフの苦労も理解できます。制作現場は体育会系なところがあり、そこで怒鳴られてめげるか、怒鳴られて成長してゆくかは、本人の意志次第です。めげたらそこで終わって次の仕事に向かうのも一つの生き方です。あるいは怒鳴られても自分を成長させてくれているのだと叱咤激励に感謝することができれば、その仕事に入り込んでゆきます。危機に直面したときの対応で将来が決まってゆくのですね。

普遍的実践ルール

RULE 46

試行錯誤をして、成功の秘訣を見つける

試行錯誤は、人生の場面でも恋愛の場面でも必要です。自分の商品価値を知り、恋愛に必要な五感的魅力を高めるには、実践が必要だからです。奇妙なアルバイトをしたとしても、「だめんず（ダメな男）」と付き合ったとしても、トラウマにならない限り、失うものは少ないです。

とくに恋愛の場面では、フラれて苦痛を味わうこともあるでしょう。しかし、その苦痛も肥やしになります。恋愛をしないまま苦痛を知らずに大人になってしまうと、失恋の痛みが怖くて恋愛に臆病になってしまいますから。できることなら、結婚前に、**フルこともフラれることも両方とも経験しておきたいものです**。

残念ながら、いったん長期保有を原則とする「結婚」という形をとると、契約を解消するのがたいへん難しいです。二人で築いた財産をどうするの、子どもはどうするの、ローンが残っているマンションはどうするの、引っ越しはどうするのといったように、離婚へのステップは複雑で面倒なものです。ですから、結婚で失敗しないためにも、その前段階である恋愛の経験値を上げておき、最良の相手を見つけ、気に入られる力を身につけたいものです。

恋愛市場での売買は、結婚市場での売買に比べれば、簡単です。恋愛市場では「中期保有」の関係とはいっても、保有中の評価によってはいつでも損切りしたり（フッたり）、損切りされたり（フラれたり）する可能性があります。一ヶ月で別れる場合もあれば、数年続く場合もある。恋愛関係での別れはみなさんも経験があるように、一方が「別れたい」と言えば、それで関係は解消できてしまいます。慰謝料も必要なければ、養育費も必要ありませんので、コスト的に軽微です。せいぜい泣かれるか、脅されるか、といった程度でしょう（なお、「きれいな別れ方」については「RULE 50」で解説します）。

ですから、**コスト的に軽微な恋愛関係を多く経験したあとに、最良の相手と結婚したい**ものです。最良の相手というのは、初恋の相手かもしれません。10人目の恋人かもしれません。10人を横に並べて選ぶわけにはいかないので、いつの時点で最高の相手が現れるかが事前にわからないところが悩ましい点です。

ただ、「離散数学」という学問の見地から言えるのは、ある程度の恋愛の経験を積んだ後のほうが、失敗が少ないということです。複雑な数式は脚注で説明しますが、要するにある程度のサンプルがないと結婚の決断をすべきではないということです。「**恋愛の36・8%の法則**（別名「**ガードナーの法則**」）」と呼ばれるべきものです[12]。

これが意図するところは、一回目や二回目の恋愛で結婚するのはリスクが高くて、何回かサンプルをとってから比較する基準を作ることが大切であり、サンプルができた後に、そのサンプルを超える相手が現れたら、その人と結婚せよ、ということです。

たとえば、結婚する前に10人と交際するとします。「36・8％の法則」によれば、確率的には、全体の出会い総数の36・8％以降に位置する人と結婚すべきである。つまり、10人と交際するとしたら、最初の3人までは恋愛お試し期間として、4人目以降に、最初の3人の相手よりも魅力が上回った人と結婚するのがベストである、ということになります。

当然、最初の3人の中に最高の相手がいるかもしれません。その場合は天命と思ってあきらめるしかないのですが、離散数学の見地からは、最初にお試し期間を設けて、データを取って、そのうえで比較して、魅力度のより高い恋人と結婚するほうが賢い戦略なのです。

ですから、恋愛の分野では、大学生のうちに試行錯誤しておこうということになります。恋愛バブルが生じているとなかなか難しい決断かもしれません。でも比較するものがない状態では、結婚後に「本当にこの人と結婚して良かったの？」と疑ってしまうかもしれません。そもそももったいないですよ、短い人生において一回や二回しか恋愛をしないのも。せっかくですから、結婚前に恋愛をエンジョイしておきましょう。結婚後には恋愛のチャンスがゼロになってしまうわけですから。

RULE 47

自分にはウソをつかない

心理学用語に**「認知不協和」**という言葉があります。専門用語ではありますが、みなさんにぜひ知っていただき、「認知不協和」には陥らないようにしていただきたいものです。結論としては、極端な話、**人にウソはついても、自分にウソをつくことだけは絶対禁止**ということです。

これ、簡単にできそうですが、難しいものです。人にウソをつくのは簡単ですね。他人にウソをつくことは倫理に反するからできないと思っていらっしゃるかもしれませんが、無意識のうちに日常茶飯事的に行なっています。ご両親にウソをついたことがない人はいませんし、友だちにも先生にもウソをついた経験があるはずです。他人を欺くことはだれしもしょっちゅう行なっています。

他方、自分を欺くことはというと、自分では自覚がないかと思いますが、これもしばしば行なっていることです。しかし、こちらはダメ。今後は自分へのウソは禁止です。自分にウソをつくのは「認知不協和」という心理的ワナが原因です。これは、願望がかなえられない事実に直面したときに、その事実から目を背けるために、真実とは異なる口実を使って正当化しているのです。

たとえば、勉強しない大学生がよく陥ります。勉強しなくてはならない状況があるのに、勉強していない現実があるわけです。背反する2つの事実が頭の中で共存するとストレスになります。ストレスを生じさせない方法は、一方の事実を解消することです。本来なら勉強することによって解消したいものですが、勉強はしたくありません。そうすると別の口実を使って正当化しようとします。勉強しないのは「先生の講義がつまんないからだよ」と。「確かに勉強はしていません。でもそれは私が悪いのではなくて先生の講義がつまらないからです」という意味です。これは勉強しない自分にウソをついているのと同じです。

恋愛の場面でも、認知不協和を解消しようとする言葉が多々発せられます。典型的なのは「恋愛はめんどくさい」、「素敵な男子（女子）がいない」、「試験が忙しくて恋愛できない」、「現実の恋愛よりも2次元のアイドルのほうが良い」、「男同士で遊んでいるほうが楽しい」、「女子会のほうが楽しい」、「恋愛に興味がない」といったものです。すべて認知不協和の範疇に入ります。

モテない↓モテないことを認めたくない↓もっともらしい口実がほしい↓自分へのウソ↓前記の言葉

といった連鎖です。本人はウソという認識はないかもしれません。でもよく考えればモテない自分をウソの口実で正当化していることがわかるはずです。

自分の将来を考えることも同じですね。本来なら自分の将来を考えること、人生とは何かを考えることは大切であることは申し上げました。ところが、考えても答えが出てこない場合があります。そうすると、「こんなことを考えて何の意味があるのか?」とか、「考えるのがめんどう」とか、「考えても考えなくても結果は同じ」と認知不協和を解消する言葉が発せられます。

まずは、現実を直視しましょう。たとえば、人生の方向性がよくつかめていない自分を認めましょう。恋愛の場合では、モテない自分を認めましょう。たいへん痛いですけれど。**進歩は事実の確認からです**。人生で成功したい、モテたいと正直に思いましょう。自分にウソをついたり、事実を隠す必要はありません、当然の欲求なのですから。

認めたあとに、自己分析が開始されます。いったい自分のどこが悪いのだろうかと。恋愛なら、見かけか、会話力か……。分析の後に改善策として、長所を伸ばすか、弱点を補強するかして、全体の魅力度を底上げしてゆくことが必要となります。

現実から逃げて、「人生について考えても仕方がない」、「恋愛なんかに興味がない」という無意識のウソをつかれては、向上心が芽生えません。逆に現実を直視すれば、解決策も見えてきます。

普遍的
実践ルール

RULE 48

自分を「客観視」する

大学生から大人になる過程で、ぜひ実践してほしいのは、**自分を客観的に見て判断する習慣を身につける**ことです。

私たちは利己的な生き物で、自分の意志を忠実に実行しようとすると、自分の利益を過剰追求してしまう場合もあります。たとえば喧嘩です。友だちと口論になることもありますし、恋人同士では仲が良いほど喧嘩をしてしまうものです。私が悪いのではない、相手が悪いと一方的に非難しがちです。口では「あなたが悪いけれど、私も悪いかも」とは言いますがね。

長い人生ですから、喧嘩のみならず、パニック状態に陥ることもあります。就職試験を受けて不合格になる、とれると思っていた単位を落とす、インターンシップが見つからない、アルバイトを辞めさせられる、恋人にフラれる、外国旅行中に盗難にあう、プレゼンテーションがうまくいかない、就職活動がうまくいかない等々です。自分を救う方法を用意しておかないと、不必要に落ち込んでしまいます。

このような危機的状況に必要となるのが、「自分を客観視する」ことです。では、自分を客観的に見るとはどのようなことなのでしょうか？　客観視したくてもやり方がわからないですよね。「岡目八目」ということわざがあります。囲碁や将棋で、対局者が勝負に没頭していて最善の一手がなかなか見つからないとき、周りで観戦している人のほうがかえって全体（大局）がよく見えることを言います。この観戦者はまさしく、状況を客観視している人です。だれでも自分ごとになると視野が急激に狭くなり、冷静に物事を判断できなくなるものです。ですから、**当事者でありながら、自分をいかに第三者として考えることができるか**が、客観視がうまくいくかの秘訣です。自分に執着しすぎないということです。

方法としては、危機的状況になったとき、まず自分に「とりあえず落ち着こうよ」と独り言を言うことから入ります。次に深呼吸を3回します。足らないと思ったら10回深呼吸をします。

客観視は危機的な状況に対処するための手段なのですから、問題の存在を認めることから始めることになります。そうです、覚えていますか？　「なぜ？」と問いかけていけばいいのです。この「なぜ、なぜ」エクササイズ、自分を切り離すには最も効果がある方法です。

自分を客観視するにあたって、もう一つ重要な実践方法は、なるべく多くの客観的データを積み上げてゆくということです。「目に見える実績」、「客観的データ」の構築を行なってください。

たとえば「英語が得意です」と言いたいのなら、**それなりに目に見える数字で表現しなければなりません**。英検とかTOEIC®といった試験での点数や資格で、得意度を表す必要があります。

学生の中で「忍耐強さではだれにも負けません」という人がいますが、まったく共感できない表現ですね。「だれにも負けない」とは日本一、世界一ということです。言葉で言うのは簡単ですが、忍耐強さで日本一になるのは並大抵のことではありません。もし忍耐強さ日本選手権というのがあって日本一になったなら理解できますが、言葉だけで「だれにも負けません」というのは実に空虚で、私はこの言葉を使う学生を見るたびに笑ってしまいます。そして必ず「証明してみなさい」というのですが、いまだかつて客観的データで「忍耐力世界一」を証明した学生はおりません。

なお、**自分を客観視するとは「人の目を気にして生きる」とも「空気を読む」とも違います**。他人の目を気にしたら客観ではないですね。第三者的に見るというより第二者でしょう。「空気を読む」というのも不特定な第二者の延長戦上にある考え方です。客観というのは全員の目から解放して、空の上から下を見るということです。別に地面から上を見るでもいいのですが。自分を幽体離脱して考えるということです。変な言い方ですけれどね。

RULE 49

世界と日本の動きに敏感になる

私たちはちっぽけな存在です。世界には80億人以上の人間がいて、この地球上のどこかで生活しています。日本にも1億2千2百万人の日本人がいます。ホモ・サピエンスが誕生したのは、20万年前で、世代にすると1万5千世代程度、農耕社会が開始されてからは800世代、産業革命以降では20世代、さらに1945年に終わった第2次世界大戦後ではほんの数世代しか経っていませんが、その間にたくさんの人間が生まれ、亡くなっています。私たちは、そのうちの一人です。

小さいがゆえに、周りの環境の影響を受けやすいです。世界の政治経済情勢が私たちの人生を直撃することがありますし、同様に国内の政治経済政策が私たちの生き方に影響を与えることがあります。影響は与えますが、予測が不可能というわけではありません。世の中の動きに敏感になっていれば、将来起こりうることは予測できるのです。予測できれば、対処が可能です。

たとえば、21世紀に入ってグローバル化が進み、グローバル化は国境を越えて安価で質の良い財とサービスの提供をもたらしていますが、同じように人材も国境を越えて適材適所に配置されつつあるのが現状です。コロナ禍やロシアのウクライナ侵攻を受けて、保護主義的な傾向が強まりつつあるとはいえ、相変わらずグローバル化は不可避のトレンドで、これからの時代、より良い仕事とより良い素敵な異性を獲得するためには、日本人同士の競争はもちろんのこと、世界的規模でも競争が行なわれるのは必至です。**みなさんは世界の人々と戦うための国際競争力を身につけることが必要**となっているのです。

そのためにも、日本語以外の語学、とくに英語はグローバルスタンダードの一つになりつつあるので、ぜひ習得してください。英語によって意思疎通ができるようになれば、国境を越えて仕事や異性を求めることも可能となります。

また「RULE 09」で述べた「一芸に秀でる」ことも重要です。語学力と一芸というのは大学在学中に達成できるものです。世界に目を向けつつ、勉強に励んでいただきたいものです。

そして、世界における日本も知っておくべきです。日本は、多くのものを他国に依存しています。とくに天然資源に乏しいので、エネルギーも、食料も、レアメタルも、資源の多くは海外に依存しています。依存しすぎているといってもいいでしょう。米中の市場に依存し、東南アジアの労働力に依存し、資源が豊富にあるオーストラリアやカナダに依存し、米国の核兵器に依存しています。その依存が過度なために、不安定な状況が創出されています。ですから、わが国は世界情勢に影響を受けやすい状況になっているのです。不安定であるからこそ、みなさんは、せっかく大学で学ぶのですから、**世界における日本の状況について知見を広めてゆかなければなりません。**

日本の政治・経済状況の把握も重要です。わが国は意思決定方法として民主主義を採用しています。民主主義とは、国民のかわりに政治家を選んで、国民のために政治の意思決定を行なう制度です。政治家がどんな法案や予算を国会で通過させるかが直接的に私たちに影響を与えています。

たしかに、高校時代に習った物理学や数Ⅲといった高度な数学の知識を持たなくても、私たちの人生は変わりません。知らなくてもなんの不都合もなく生きていけますし、知ったからといって物理学者や数学者にならない限り、一銭の得にもなりません。ところが、政治や経済の動きを知り、選挙のときに参加するか棄権するかは、みなさんは気づいていないかもしれませんが、大きな影響を与えるものなのです。18歳以上は選挙権を持っています。**ぜひ国内の政治・経済状況に目を向けて、投票に参加してもらいたい**ものです。

ミクロの自分やマクロの日本国が世界でどの位置にいるのか、どのような政策を実施してゆくのが自分や日本にとってよいことなのか、マクロ的な視野に立って日本の現状を知ることが必要です。そうした政治知識を持ってはじめて、これからの日本にふさわしい人材になることができるのです。

普遍的実践ルール

RULE 50

「きれいな別れ方」を学ぶ

人間関係では、必ず出会いと別れがあります。友だちになったり恋人になったりすることも、それなりに難しいですが、それと同じくらい難しいのが「別れ」です。別れの中でも相手に恨みを生じさせないで、きれいに別れるということがとても大切です。

本書の最後に、この「きれいな別れ方」を学んでもらいます。なお、「恋愛学入門」で行なった調査では、男女の恋愛において男子と女子では通常2対1の割合で男子がフラれる可能性が高いということがわかっています。

別れたいと思っても、なかなか思い切って別れを切り出すことができないのは、「**サンクコスト**」（**埋没費用**）という経済学用語で説明できます。

たとえば、一人で2時間の映画を観に行ったとします。学割を使って、千五百円支払いました。前評判が良かったのですが、最初の30分を観たところで、たいへんつまらないと思うようになりました。さてみなさんならどうしますか？

途中で退場したら、せっかくの千五百円がもったいないですね。しばらく我慢すれば突然おもしろくなるかもしれない。でも30分つまらなかったのだから、その後おもしろくなる可能性は低い……。いったい、どうしたらいいのでしょう。

相思相愛で始まった恋愛も同じ構造をしています。盛大な披露宴を行なった結婚も同じですし、就職活動で苦労して入社した会社も同じです。関係を続けてゆくうちに希望が失望に変わることが考えられます。この別れ、離婚、退社といった「別れ」の決断は難しいものです。

いまはケンカしているけれど、そのうち仲良しになるかもしれない、いまの仕事はつまらないけれど、そのうち配置転換でおもしろくなるかもしれない……。

こうした場合、経済学では「損切り」をすべきと説いていますが、なかなか決断が難しいですね。

恋愛関係に関する別れも決断が難しいもの。しかし、「きれいな別れ方」を知っておくと「損切り」の勇気が出てきますので、この最終ルールで伝授しておきます。相手をいかに傷つけないで別れるかは重要なことです。ストーカーされても困りますし、相手に泣かれても嫌ですよね。

きれいに別れる2つの方法

恋人と別れたいときは次の2つの戦略を実行してください。

一つ目は「**フェイドアウト**」戦術です。徐々に距離をとる方法で、携帯を使った連絡やデートの回数を徐々に減らしていく作戦です。たまに意図的なドタキャンも必要となります。目的は相手に別れの準備をさせることにあります。「最近、冷たくなった」、「もしかすると好きではなくなったのでは」と疑問を抱かせることが重要です。「別れ」という言葉を頭によぎらせて、自分が切り出したときに「やっぱり」と思わせることが痛くない別れにつながります。

最後には自分から別れを切り出す必要がありますが、たまに相手のほうから先に「いったい自分のことをどう思っているんだ」という最後通牒《ちょう》に似た言葉が発せられることがありますので、そういう状況になったら、別れはうまくいきます。このような言葉を発するときは、既に別れの心構えができていて、「ごめんなさい、もう無理かもしれない」と言えば、意外にすんなりとことが運ぶでしょう。

この別れ方、たいへん一般的で痛みが少ないという利点はあるのですが、欠点もないわけではありません。最大の短所は時間がかかることです。自分が相手を好きではなくなってから（あるいはほかに好きな人ができてから）、徐々に距離をとってゆくために、長期的な辛抱強さが必要になってきます。相手は依然として好きなわけですから、しょっちゅう連絡をとってきます。それにもかかわらず連絡をとらないというのは痛々しいものです。非情になる勇気が必要になります。この非情さ、簡単そうで難しいです。

二つ目は「**ショック療法**」です。素直に「ほかに好きな人ができた」と言う方法です。ショック療法は、あっさりした性格の相手に向いています。神経質な相手では別れが長引いてしまいます。言い方としては、きっぱりと

(例)「別に好きな人ができた。ごめん」

と言うのです。あくまでも事実だけを淡々と。自分から「別れてくれ」とだめ押しするのは絶対に禁句です。

相手に別れの選択をさせることが重要なのです。

(例)「要するに、別れてくれっていうこと?」

という言葉が出てくるのを待ちましょう。

好きになった人のことを根掘り葉掘り訊いてくるはずですが、そのときにはいちいち説明する必要はありません。比較してどんな素敵な人であるかを言うことも禁句です。とくに言ってはいけないのが、

(例)「あなたの○○なところが好きじゃないから、別れたい」

という言い方です。「だったら、嫌いなところを直すから」と言われてしまいます。「あなたの性格が嫌い」と言った場合でさえ、「性格を直すから」と言われて、駄々をこねられてしまいます。性

格など、直るわけがないのに……。

相手の「どこどこが嫌い」という言い方は、「自分が変わるから」に必ずすり替わってしまうものなのです。ですから、**具体的な言及を避けて、「気持ちが変わってしまった」ことを強調するだけで十分です。**

このショック療法で最も重要なポイントは、「相手のことを気遣って言っている」という点を強調することです。へんな言い方ですが、「あなたのために別れる」を強調することです。

（例）「たいせつなあなたをこれ以上傷つけたくないから」

とか、

（例）「いまうそを言って、後からそのうそがわかって、あなたが傷ついたら、悲しくなるから」

とかの言い方なら、恨みを軽減することができます。

（例）「自分の気持ちにうそをつきたくないから」

も一見誠実そうに聞こえますので、使えるフレーズです。さらに究極の別れ言葉は、

（例）「**これ以上、嫌いにさせないで**」

（例）「**好きなままで、別れさせて**」

というものがあります。突然言われた相手は理解不能に陥りますね。「別れれば、好きなままでい

てくれるんだ……。あれ?」みたいな反応になります。

現実的に考えると、フェイドアウト戦術と、ショック療法を適宜組み合わせて別れを切り出すのが正しい別れです。ショック療法とはいいながら、あまりにショックが大きいと自殺をほのめかされたり、怨念をいだかれたり、その後の恋愛に支障をきたすことがあるので、フェイドアウトで徐々に別れの準備をさせた後に、「別れたい」と誠実に対応することが、現実的な別れ方です。

くれぐれもLINEでの連絡だけでグッドバイをしないでくださいね。人格を疑われてしまいますから。

まとめ

SUMMARY OF THE 50 RULES

大学4年間で絶対やっておくべきこと

この本は、大学の新入生や、大学生活に迷っている大学生に向けて、学生生活をより充実したものにしてもらうために書きました。

大学4年間は、社会の一員として、自分に必要なお金は自分で稼ぐ「社会人」になる一歩手前の時期ですが、みなさんには、大学時代も大学卒業後も、納得した人生を送ってもらいたいと願っています。

死ぬ間際には「**ああ、自分の人生ってなんてすばらしかったのだろうか**」と思いながら、人生を終えてもらいたいものです。

しかしながら、「すばらしい人生」にするためには、それなりの努力をしなければなりません。

でも、どのような努力をどのくらいしなければならないのかが難しい。

そのためこの本では、その「努力の方向性」を指南してきました。

私たち人間は、ホモサピエンスという、約20万年前にアフリカで誕生した動物の一種であり、ほかの動物と同じように「**食料獲得**」と「**異性獲得**」の2つの大きな目的をもって生きています。この点を強調するために、本書では、「人生」と「恋愛」の二つを大きなテーマとして解説してきました。

「食料獲得」とは、生きるために必要な栄養を補給する食べ物を獲得するということです。狩猟採集時代では、野原を走り回って獲物を探し求めていたのが、現代では定職に就くことで収入（お金）を得るという形に変容しているということをお伝えしました。

他方、「異性獲得」のメカニズムも狩猟採集時代と変わっていません。五感的魅力がモテの基本原則です。ただし女子が男子を選ぶ場合には、五感的魅力に加えて、社会的条件が加味されるということもお伝えしました。

ところが、食料も異性も有限だし、質量に差があるものですから、当然のように、より良い食料とより素敵な異性を求めて熾烈な獲得競争が行なわれます。

市場経済メカニズムは、食料獲得の場面でも異性獲得の場面でも機能していて、企業が求める資質を持つ学生は自分が望む企業から内定を得ることができ、より魅力的な人は同じように魅力的な相手と相思相愛になることができるというわけです。

こうした点から、みなさんがより良い仕事とより素敵な相手を獲得したいと願うならば、「大学4年間で絶対やっておくべきこと」は自ずと見えてくると思います。本書でお伝えしたポイントについて、最後にもう一度おさらいしておきましょう。

第一に、**自分の「売り」をつくる**こと。大学で学ぶ専門分野はさまざまですが、基本的には食料獲得に向けたスキルアップを行なう場所ですから、ぜひ大学の内外において、しっかり専門分野を極めていただきたいです。自分を客観的に評価して、一芸に秀でることが必要です。

第二に、**目的が明確な勉強をする**ことです。「なぜ大学で学ぶのか?」を突き詰めて考えてゆくと「卒業したら、どんな形で食料獲得をするのか?」と関係が深いことがわかります。逆に言えば、卒業後の将来像がはっきりしていると、大学時代に学ぶべきものが明確になり、真剣に学ぶようになるということです。

まだ入学したばかりの新入生の読者であっても、ぜひ、4年後の将来像を見据えて、どんな勉強をするか決めてもらいたいと思います。

第三に、**恋愛の経験を積む**ことです。日本人の平均初婚年齢は男31歳、女30歳ですが、平均交際期間が4年半程度ですので、交際開始は男子が26歳、女子が25歳ということになります。あくまで平均値ですが、大学卒業直後から将来の結婚を考えなければならない時代のようです。ということは、大学時代の4年間は本格的恋愛の練習期間として位置づけることができます。この間に、異性に求めるもの、モテるための技術、デートを成功させるための秘訣、男女の行動の違いなどについて実践的に学ぶことが重要となります。稼ぐお金はアルバイト程度で限られているとしても、時間と労力は際限なく持っているのが大学生です。ぜひ大学生であるうちに多くの恋愛を経験して、将来結婚するとしたらどのような人がふさわしいのか知ってもらいたいものです。

本書で何度も強調してきたように、みなさんは一人ひとりがそれぞれ、一つの商品だと考えることができます。自分という商品を、企業に売ろうとするのが「就職活動」であり、異性に売ろうとするのが「恋愛」です。

売る側と買う側の商品価値はバランスします。あなたが１００点満点中60点の魅力しかなかったら、60点程度の相手にしか選ばれません。もし１００点の企業や１００点の相手を獲得したいと願うならば、自分が１００点にならざるを得ないのです。

どうやれば、自分という商品の魅力を高められるか。
この本を読むことで、点数を上げるべき処方箋は理解できたはずです。
あとはみなさんの努力次第。
ぜひ100点満点に向けて、がんばってほしいと願っています。

おわりに

過去20年間で20冊以上の本を書いてきましたが、その中でこの本を書くのが最も難しかったです。人生の生き方、恋愛を上手にする方法、どちらも重要と認識して書き始めたのですが、参考にすべき文献がありませんし、書きたい法則はたくさんあって、なるべく多くの学生に当てはまるものに仕上げるのに苦労しました。何度も読み返すうちに、満足いくものができたと思います。

メッセージとして特に重要な部分は、【実践編】で再強調してあります。

若者のいいところは、間違っても許されるし、セカンドチャンスがあることです。

大人になると一つのミスは人生に大きく影響を与えてしまいます。職業を選択するところが難しいですし、結婚する場合はその相手を見つけるのも難しいです。ですから、大学生であるうちに、試行錯誤をしながら人生と恋愛を学んでください。

読者のみなさんに願っていることは、本書をきっかけに「劇的に変わる」ことです。なぜなら、みなさんの人生の延長線上に理想の姿がある人はほんの一握りだからです。劇的に変わって、人生を変えてみせる気概がほしいところです。そのためにも素早く一歩を踏み出して、理想を追い求めてもらいたいものです。

本書の執筆にあたっては、多くの人にお世話になりました。早稲田大学の森川ゼミ生、基礎演習の受講者にはアンケートに協力してもらいました。出版にあたっては、株式会社KADOKAWAの原賢太郎さんおよび桐田真衣さんにとくにお世話になりました。感謝いたします。

著　者

＝脚注＝

1　地域によって大学年次の呼び方が異なりますが、本書では「年生」で統一してあります。

2　文部科学省『令和３年度子どもの学習費調査』。

3　『週刊東洋経済』2009 年 9 月 26 日 129 頁を改訂。数字は、2008 年の公立小学校 6 年生の学力。

4　拙著『なぜ日本にはいい男がいないのか 21 の理由』ディスカヴァー・トゥエンティワン。

5　カール・グラマー著。日高敏隆監修。今泉みね子訳。『愛の解剖学』。紀伊国屋書店。1997 年。

6　なお、カレーパンの起源は、1927 年東京江東区の「名花堂」（現カトレア）の中田豊治氏が発案した「洋食パン」が元祖といわれている。

7　詳しくは拙著『一目惚れの科学』。2012 年。ディスカヴァー・トゥエンティワン。

8　日本性教育協会編。『「若者の性」白書－第 8 回　青少年の性行動全国調査報告－』。小学館。2019 年。

9　『「若者の性」白書』。前出。

10　出典『ユースフル労働統計 2021』労働政策研究・研修機構。（男性の数値）

11　出典は曖昧で、ジョークによっては、民族が適宜入れ替わる。

12　数学的な答えは以下の通り（詳しくは拙著『結婚は 4 人目以降で決めよ』（毎日新聞社）をご参照）。

付き合う人数N人に対して、そのうち最高の女性が j 番目に現れると仮定。$(s-1)$ 番目まではデータ収集とし、s 番目から結婚への意思決定を開始。s 番目以降は、それまでの中で一番良い人物であったらその人と結婚するという戦略を取る。

最初の $(j-1)$ 人の内で仮の最高の女性が最初から $(s-1)$ 番目までに現れる必要がある。その確率は $(s-1)/(j-1)$。s 人目から本番とした時、最高の女性（交際範囲のうちナンバーワンの女性）をゲットできる確率は、

$P_{s,n} = (1/n)\ \Sigma\ j{=}sn(s-1)/(j-1) = (s-1)/\ n\ \Sigma\ j{=}sn1/(j-1) = -x\ln x$。

$n \to \infty$ の時には、$j/n \to t$、$1/n \to dt$、$s/n \to x$ で、$P = x \int x1dt/t = -x\log x$ となり、$x = 1/e$ の時 $P = 1/e$（約 36.8%）になる。これを「36.8%の法則」と呼ぶ。

本書は、『改訂版　大学 4 年間で絶対やっておくべきこと　なんとなく卒業しないための 50 のルール』を加筆・再編集したものです。

大学《だいがく》4年間《ねんかん》で絶対《ぜったい》やっておくべきこと
恋愛《れんあい》・学業《がくぎょう》・友人関係《ゆうじんかんけい》がうまくいく50のルール

2024年3月19日　初版発行

著者／森川《もりかわ》 友義《とものり》

発行者／山下直久

発行／株式会社KADOKAWA
〒102-8177　東京都千代田区富士見2-13-3
電話 0570-002-301（ナビダイヤル）

印刷所／株式会社KADOKAWA

製本所／株式会社KADOKAWA

●お問い合わせ
https://www.kadokawa.co.jp/（「お問い合わせ」へお進みください）
※内容によっては、お答えできない場合があります。
※サポートは日本国内のみとさせていただきます。
※Japanese text only

定価はカバーに表示してあります。

ISBN 978-4-04-606812-5　C0037

◆◇◇